Bucătăria spaniolă autentică
O călătorie culinară prin cele mai gustoase preparate din Spania

Sofia Lopez

CUPRINS

TOBE DE PUI CU WHISKEY 23
    INGREDIENTE 23
    ELABORARE 23
    TRUC 23

RĂȚĂ FRĂJĂ 25
    INGREDIENTE 25
    ELABORARE 25
    TRUC 26

PIEPT DE PUI VILLAROY 27
    INGREDIENTE 27
    ELABORARE 27
    TRUC 28

PIEPT DE PUI CU MUSTAR SI SOS DE LAMAIE 29
    INGREDIENTE 29
    ELABORARE 29
    TRUC 30

GAUNETTE PRAJITA CU PRUNE SI CIUPERCI 31
    INGREDIENTE 31
    ELABORARE 31
    TRUC 32

PIJET DE PUI VILLAROY UMPLUT CU PIQUILOS CARAMELIZAT CU OTIT DE MODENA 33
    INGREDIENTE 33
    ELABORARE 33

TRUC 34
PIEPT DE PUI UMPLUT CU SUNNICĂ, ciuperci și brânză 35
    INGREDIENTE 35
    ELABORARE 35
    TRUC 36
PUI LA VIN DULCE CU PRUNE 37
    INGREDIENTE 37
    ELABORARE 37
    TRUC 38
PIEPT DE PUI PORTOCALA CU NUCI CAJU 39
    INGREDIENTE 39
    ELABORARE 39
    TRUC 39
PĂRÂNICĂ MURATĂ 40
    INGREDIENTE 40
    ELABORARE 40
    TRUC 40
CACCIATORE PUI 41
    INGREDIENTE 41
    ELABORARE 41
    TRUC 42
ARIPI DE PUI IN STIL COCA COLA 43
    INGREDIENTE 43
    ELABORARE 43
    TRUC 43
PUI CU USTUROI 44

- INGREDIENTE 44
- ELABORARE 44
- TRUC 45

PUI AL CHILINDRON 46
- INGREDIENTE 46
- ELABORARE 46
- TRUC 47

PREPELETI MURATATE SI FRUCTE ROSII 48
- INGREDIENTE 48
- ELABORARE 48
- TRUC 49

PUI CU LAMAIE 50
- INGREDIENTE 50
- ELABORARE 50
- TRUC 51

PUI SAN JACOBO CU SUNCA SERRANO, TORTA DEL CASAR SI ARUCULA 52
- INGREDIENTE 52
- ELABORARE 52
- TRUC 52

CURRY DE PUI LA COP 53
- INGREDIENTE 53
- ELABORARE 53
- TRUC 53

PUI LA VIN ROSU 54
- INGREDIENTE 54

ELABORARE	54
TRUC	55
PUI FRAPIT CU BERE NEGRA	**56**
INGREDIENTE	56
ELABORARE	56
TRUC	56
Părîniche de ciocolată	58
INGREDIENTE	58
ELABORARE	58
TRUC	59
Sferturi de curcan prăjite cu sos de fructe roșii	60
INGREDIENTE	60
ELABORARE	60
TRUC	61
PUI FRĂJIT CU SOS DE PIERSICI	**62**
INGREDIENTE	62
ELABORARE	62
TRUC	63
FILE DE PUI UMPLUT CU SPANAC SI MOZZARELLA	**64**
INGREDIENTE	64
ELABORARE	64
TRUC	64
PUI PRĂJIT ÎN CAVA	**65**
INGREDIENTE	65
ELABORARE	65
TRUC	65

FARGARI DE GUI CU SOS DE ARAIDE 66
    INGREDIENTE 66
    ELABORARE 66
    TRUC 67

PUI LA PEPITORIA 68
    INGREDIENTE 68
    ELABORARE 68
    TRUC 69

PUI PORTOCALIU 70
    INGREDIENTE 70
    ELABORARE 70
    TRUC 71

PUI FĂCUT CU BOLETUS 72
    INGREDIENTE 72
    ELABORARE 72
    TRUC 73

PUI SOAT CU NUCĂ ȘI SOIA 74
    INGREDIENTE 74
    ELABORARE 74
    TRUC 75

PUI CU CIOCOLATA CU ALMEDRE PRIETE 76
    INGREDIENTE 76
    ELABORARE 76
    TRUC 77

FĂGARI DE MIEL CU VINIGRETĂ DE BOTEI ȘI MUȘTAR 78
    INGREDIENTE 78

ELABORARE 78
TRUC 79
INOTOARE DE VIDEL Umpluta CU PORT 80
INGREDIENTE 80
ELABORARE 80
TRUC 81
Chiftelute LA MADRILEÑA 82
INGREDIENTE 82
ELABORARE 83
TRUC 83
OBAJI DE VITA CU CIOCOLATA 84
INGREDIENTE 84
ELABORARE 84
TRUC 85
PLAINTA DE PORC CONFIT CU SOS DE VIN DULCE 86
INGREDIENTE 86
ELABORARE 86
TRUC 87
IEPURE LA MARC 88
INGREDIENTE 88
ELABORARE 88
TRUC 89
Chiftelute IN SOS DE ALUNE PEPITORIA 90
INGREDIENTE 90
ELABORARE 91
TRUC 91

ESCALOPINE DE VIDEL CU BERE NEGRA ... 92
    INGREDIENTE ... 92
    ELABORARE ... 92
    TRUC ... 93

TRIPES A LA MADRILEÑA ... 94
    INGREDIENTE ... 94
    ELABORARE ... 94
    TRUC ... 95

MUCHĂ DE PORC FRĂJĂ CU MĂR ȘI MENTĂ ... 96
    INGREDIENTE ... 96
    ELABORARE ... 96
    TRUC ... 97

Chiftelute DE PUI CU SOS DE ZMEURE ... 98
    INGREDIENTE ... 98
    ELABORARE ... 99
    TRUC ... 99

TOCANĂ DE MIEL ... 100
    INGREDIENTE ... 100
    ELABORARE ... 100
    TRUC ... 101

IEPPE CIVET ... 102
    INGREDIENTE ... 102
    ELABORARE ... 102
    TRUC ... 103

IEPURE CU PIPERRADA ... 104
    INGREDIENTE ... 104

- ELABORARE 104
- TRUC 104

Chiftelute de pui umplute cu branza cu sos de curry 105
- INGREDIENTE 105
- ELABORARE 106
- TRUC 106

OBAJI DE PORC LA VIN ROȘU 107
- INGREDIENTE 107
- ELABORARE 107
- TRUC 108

MATASEA DE PORC NAVARA 109
- INGREDIENTE 109
- ELABORARE 109
- TRUC 109

FIATĂ DE VITA CU SOS DE ARAIDE 110
- INGREDIENTE 110
- ELABORARE 110
- TRUC 111

PORC FRÂPT 112
- INGREDIENTE 112
- ELABORARE 112
- TRUC 112

CULOTE PRĂJITE CU VARZA 113
- INGREDIENTE 113
- ELABORARE 113
- TRUC 113

CACCIATOR DE IEPURE 114
    INGREDIENTE 114
    ELABORARE 114
    TRUC 115

ESCALOPE DE VITA A LA MADRILEÑA 116
    INGREDIENTE 116
    ELABORARE 116
    TRUC 116

IEPURE FĂCUT CU ciuperci 117
    INGREDIENTE 117
    ELABORARE 117
    TRUC 118

COSTITE DE PORC IBERIAN CU VIN ALB SI MIERE 119
    INGREDIENTE 119
    ELABORARE 119
    TRUC 120

POTE GALLEGO 121
    INGREDIENTE 121
    ELABORARE 121
    TRUC 122

LENTE LYONEZĂ 123
    INGREDIENTE 123
    ELABORARE 123
    TRUC 124

LINTE CURY CU MER 125
    INGREDIENTE 125

- ELABORARE 125
  - TRUC 126
- POCHAS A LA NAVARRE 127
  - INGREDIENTE 127
  - ELABORARE 127
  - TRUC 128
- LINTE 129
  - INGREDIENTE 129
  - ELABORARE 129
  - TRUC 130
- MUSAKA DE FASOLE CU ciuperci 131
  - INGREDIENTE 131
  - ELABORARE 131
  - TRUC 132
- VIGIL POTAJE 133
  - INGREDIENTE 133
  - ELABORARE 133
  - TRUC 134
- POCHAS CU COCOȘI 135
  - INGREDIENTE 135
  - ELABORARE 135
  - TRUC 136
- COD AJOARRIERO 138
  - INGREDIENTE 138
  - ELABORARE 138
  - TRUC 138

COCOLE ABURATE DE SHERRY 139
    INGREDIENTE 139
    ELABORARE 139
    TRUC 139

ALL I PEBRE DE LUMĂRI CU CREVETI 140
    INGREDIENTE 140
    ELABORARE 141
    TRUC 141

DURADĂ PRĂJITĂ 142
    INGREDIENTE 142
    ELABORARE 142
    TRUC 142

VOICI A LA MARINERA 143
    INGREDIENTE 143
    ELABORARE 143
    TRUC 144

COD CU PILPIL 145
    INGREDIENTE 145
    ELABORARE 145
    TRUC 145

HOSOI ALUTE CU BERE 147
    INGREDIENTE 147
    ELABORARE 147
    TRUC 147

CALAMAR ÎN TUNEA SA 148
    INGREDIENTE 148

- ELABORARE 148
- TRUC 148

COD CLUB RANERO 150
- INGREDIENTE 150
- ELABORARE 150
- TRUC 151

TALPA LA PORTOCALIE 152
- INGREDIENTE 152
- ELABORARE 152
- TRUC 152

MERLULU LA RIOJANA 154
- INGREDIENTE 154
- ELABORARE 154
- TRUC 155

COD CU SOS DE CAPSUNI 156
- INGREDIENTE 156
- ELABORARE 156
- TRUC 156

PĂSTRĂVUL MURAT 157
- INGREDIENTE 157
- ELABORARE 157
- TRUC 158

DORADĂ STIL BILBAO 159
- INGREDIENTE 159
- ELABORARE 159
- TRUC 159

SCAMPI DE CREVETI 160
    INGREDIENTE 160
    ELABORARE 160
    TRUC 160
CHÂTEI DE COD 161
    INGREDIENTE 161
    ELABORARE 161
    TRUC 161
COD DE AUR 163
    INGREDIENTE 163
    ELABORARE 163
    TRUC 163
CRAB ÎN STIL BASC 164
    INGREDIENTE 164
    ELABORARE 164
    TRUC 165
HOSIA ÎN OTIT 166
    INGREDIENTE 166
    ELABORARE 166
    TRUC 166
BRANDĂ DE COD 167
    INGREDIENTE 167
    ELABORARE 167
    TRUC 167
SEZON ÎN ADOBO (BIENMESABE) 168
    INGREDIENTE 168

- ELABORARE 168
- TRUC 169

CITRICE ȘI TON MURAT 170
- INGREDIENTE 170
- ELABORARE 170
- TRUC 171

PELENA PLUIE CAVETI 172
- INGREDIENTE 172
- ELABORARE 172
- TRUC 172

FLAN DE TON CU BUSUOCOC 173
- INGREDIENTE 173
- ELABORARE 173
- TRUC 173

SOLE MENIER 174
- INGREDIENTE 174
- ELABORARE 174
- TRUC 174

MUMBĂ DE SOMON ÎN CAVA 175
- INGREDIENTE 175
- ELABORARE 175
- TRUC 175

BIBAN BILBAO CU PIQUILLOS 176
- INGREDIENTE 176
- ELABORARE 176
- TRUC 176

MIDII ÎN VINIGRETĂ 177
    INGREDIENTE 177
    ELABORARE 177
    TRUC 177
MARMITAKO 178
    INGREDIENTE 178
    ELABORARE 178
    TRUC 178
BIBAN ÎN SARE 180
    INGREDIENTE 180
    ELABORARE 180
    TRUC 180
MIDII Aburite 181
    INGREDIENTE 181
    ELABORARE 181
    TRUC 181
MERLULU GALIZ 182
    INGREDIENTE 182
    ELABORARE 182
    TRUC 183
MERLULU A LA KOSKERA 184
    INGREDIENTE 184
    ELABORARE 184
    TRUC 185
CUITITE CU USTUROI SI LAMAIE 186
    INGREDIENTE 186

ELABORARE 186

TRUC 186

budincă de pește scorpion 187

INGREDIENTE 187

ELABORARE 187

TRUC 188

PESȘTE CU CREMĂ MOALE DE USSturoi 189

INGREDIENTE 189

ELABORARE 189

TRUC 189

MERLULU IN CIDRU CU COMPOT DE MERE CU MENTA 191

INGREDIENTE 191

ELABORARE 191

TRUC 192

SOMON MARINAT 193

INGREDIENTE 193

ELABORARE 193

TRUC 193

PĂSTRĂV CU BRÂNZĂ ALBASTRĂ 194

INGREDIENTE 194

ELABORARE 194

TRUC 194

TATAKI DE TON MARINAT ÎN SOIA 196

INGREDIENTE 196

ELABORARE 196

TRUC 196

- TURT DE MERLULU 198
  - INGREDIENTE 198
  - ELABORARE 198
  - TRUC 198
- ARDEI UMPLU CU COD 199
  - INGREDIENTE 199
  - ELABORARE 199
  - TRUC 200
- RABS 201
  - INGREDIENTE 201
  - ELABORARE 201
  - TRUC 201
- SOLDAȚI PAVIA 202
  - INGREDIENTE 202
  - ELABORARE 202
  - TRUC 203
- CREVEȚI 204
  - INGREDIENTE 204
  - ELABORARE 204
  - TRUC 204
- PĂSTRĂVĂ ÎN NAVARA 205
  - INGREDIENTE 205
  - ELABORARE 205
  - TRUC 205
- TARTARE DE SOMON CU AVOCAT 206
  - INGREDIENTE 206

ELABORARE	206
TRUC	206

scoici GALICE 208

INGREDIENTE	208
ELABORARE	208
TRUC	208

PUI ÎN SOS CU CIUPERCI 210

INGREDIENTE	210
ELABORARE	210
TRUC	211

PUI MARIN ÎN CIDR 212

INGREDIENTE	212
ELABORARE	212
TRUC	212

TOCANĂ DE PUI CU NÍSCALOS 213

INGREDIENTE	213
ELABORARE	213
TRUC	214

FILET DE PUI A LA MADRILEÑA 215

INGREDIENTE	215
ELABORARE	215
TRUC	215

FRICANDO DE PUI CU CIUPERCI SHIITAKE 215

INGREDIENTE	216
ELABORARE	216
TRUC	217

TOBE DE PUI CU WHISKEY

INGREDIENTE

12 pulpe de pui

200 ml de smântână

150 ml whisky

100 ml supa de pui

3 galbenusuri de ou

1 ceapa primavara

Făină

Ulei de masline

Sare si piper

ELABORARE

Se condimentează, se făinează și se rumenesc pulpele de pui. Retrageți și rezervați.

Se caleste ceapa primavara taiata marunt in acelasi ulei timp de 5 minute. Se adaugă whisky-ul și se flambează (hota trebuie să fie închisă). Se toarnă smântâna și bulionul. Adăugați din nou puiul și gătiți timp de 20 de minute la foc mic.

Luați de pe foc, adăugați gălbenușurile și amestecați cu grijă pentru ca sosul să se îngroașă puțin. Asezonați cu sare și piper dacă este necesar.

TRUC

Whisky-ul poate fi înlocuit cu băutura alcoolică care ne place cel mai mult.

RAȚĂ FRĂJĂ

INGREDIENTE

1 rata curata

1 litru de bulion de pui

4 dl sos de soia

3 linguri de miere

2 catei de usturoi

1 ceapa mica

1 cayenne

ghimbir proaspăt

Ulei de masline

Sare si piper

ELABORARE

Într-un castron amestecați bulionul de pui, soia, usturoiul ras, ardeiul cayenne și ceapa tocate mărunt, mierea, o bucată de ghimbir și piper ras. Marinați rața în acest amestec timp de 1 oră.

Scoateți din macerat și puneți pe o tavă de copt cu jumătate din lichidul din macerat. Grătiți la 200 ºC timp de 10 minute pe fiecare parte. Udați constant cu o perie.

Coborâți cuptorul la 180 ºC și gătiți încă 18 minute pe fiecare parte (continuați să vopsiți la fiecare 5 minute cu o pensulă).

Scoateți și rezervați rața și reduceți sosul la jumătate într-o cratiță la foc mediu.

TRUC

Coaceți păsările cu sânii în jos la început, acest lucru le va face mai puțin uscate și mai suculente.

PIEPT DE PUI VILLAROY

INGREDIENTE

1 kg piept de pui

2 morcovi

2 batoane de telina

1 ceapă

1 praz

1 nap

Făină, ou și pesmet (pentru acoperire)

pentru besamel

1 litru de lapte

100 g unt

100 g de făină

nucșoară măcinată

Sare si piper

ELABORARE

Gatiti toate legumele curate in 2 l de apa (de la rece) timp de 45 min.

Între timp, faceți un sos bechamel, căliți făina în unt la foc mediu-mic timp de 5 minute. Apoi adăugați laptele și amestecați. Se condimenteaza si se adauga nucsoara. Gatiti 10 minute la foc mic fara a opri baterea.

Strecurați bulionul și gătiți în el piepții (întregi sau fileați) timp de 15 min. Scoateți și lăsați-le să se răcească. Sosați bine piepții cu sosul bechamel și păstrați la frigider. Odată ce se răcește, se unge în făină, apoi în ou și la final în pesmet. Se prajesc in ulei din abundenta si se servesc fierbinti.

TRUC

Puteți profita de bulion și de legumele zdrobite pentru a face o cremă rafinată.

PIEPT DE PUI CU MUSTAR SI SOS DE LAMAIE

INGREDIENTE

4 piept de pui

250 ml de smântână

3 linguri rachiu

3 linguri muştar

1 lingura de faina

2 catei de usturoi

1 lămâie

½ ceapă primăvară

Ulei de masline

Sare si piper

ELABORARE

Se condimentează şi se rumenesc cu puţin ulei pieptii tăiaţi în bucăţi obişnuite. Rezervă.

Se calesc arpagicul si usturoiul tocat marunt in acelasi ulei. Adăugaţi făina şi gătiţi 1 min. Se adaugă coniacul până se evaporă şi se toarnă smântâna, 3 linguri de suc de lămâie şi coaja ei, muştar şi sare. Gatiti sosul 5 minute.

Adăugaţi din nou puiul şi gătiţi la foc mic încă 5 minute.

TRUC

Rade mai întâi lămâia înainte de a-i extrage sucul. Pentru a economisi bani, se poate face si cu pui tocat in loc de piept.

GAUNETTE PRAJITA CU PRUNE SI CIUPERCI

INGREDIENTE

1 bibilică

250 g ciuperci

Port de 200 ml

¼ litru de supă de pui

15 prune fără sâmburi

1 catel de usturoi

1 lingurita faina

Ulei de masline

Sare si piper

ELABORARE

Se sare și se pipereaza și se prăjește bibilica împreună cu prunele timp de 40 min la 175 ºC. La jumătatea coacerii, răsturnați-l. După ce timpul a trecut, scoateți și rezervați sucurile.

Se calesc 2 linguri de ulei si faina intr-o cratita timp de 1 minut. Se face baie cu vinul si se lasa sa se reduca la jumatate. Se umezește cu sucul fripturii și cu bulionul. Gatiti 5 minute fara a opri amestecarea.

Separat, calim ciupercile cu putin usturoi tocat, le adaugam in sos si aducem la fiert. Serviți bibilica cu sosul.

TRUC

Pentru ocazii speciale puteti umple bibilica cu mere, foie, carne tocata, nuci.

 AVES

PIJET DE PUI VILLAROY UMPLUT CU PIQUILOS CARAMELIZAT CU OTIT DE MODENA

INGREDIENTE

4 file de piept de pui

100 g unt

100 g de făină

1 litru de lapte

1 conserve de ardei piquillo

1 pahar de oțet de Modena

½ pahar de zahăr

Nucşoară

Ou şi pesmet (pentru acoperire)

Ulei de masline

Sare si piper

ELABORARE

Se calesc untul si faina timp de 10 minute la foc mic. Apoi, turnați laptele şi gătiți timp de 20 de minute, amestecând continuu. Se condimentează şi se adaugă nucşoară. Lasa sa se raceasca.

Intre timp caramelizam ardeii cu otetul si zaharul pana cand otetul incepe (abia incepe) sa se ingroase.

Se condimentează fileurile cu sare și piper și se umple cu ardeiul piquillo. Rulați piepții în folie transparentă de parcă ar fi bomboane foarte tari, închideți și fierbeți timp de 15 minute în apă.

Odată fierte, sos pe toate părțile cu bechamel și înmuiați-le în ou bătut și pesmet. Se prajesc in ulei din abundenta.

TRUC

Dacă se adaugă câteva linguri de curry în timp ce făina este sotă pentru bechamel, rezultatul este diferit și foarte bogat.

PIEPT DE PUI UMPLUT CU SUNNICĂ,
ciuperci și brânză

INGREDIENTE

4 file de piept de pui

100 g ciuperci

4 felii de bacon afumat

2 linguri muștar

6 linguri de smântână

1 ceapă

1 catel de usturoi

brânză feliată

Ulei de masline

Sare si piper

ELABORARE

Se condimentează fileurile de pui. Curățați și tăiați ciupercile în sferturi.

Se rumenesc baconul si se calesc ciupercile tocate cu usturoiul la foc iute.

Umpleți fileurile cu slănină, brânză și ciuperci și închideți-le perfect cu folie transparentă de parcă ar fi bomboane. Gatiti 10 minute in apa clocotita. Scoateți pelicula și fileul.

Pe de altă parte, braconați ceapa tăiată în bucăți mici, adăugați smântâna și muștarul, fierbeți 2 minute și amestecați. Se caleste peste pui

TRUC

Folia transparentă suportă temperaturi ridicate și nu adaugă nicio aromă alimentelor.

PUI LA VIN DULCE CU PRUNE

INGREDIENTE

1 pui mare

100 g prune fără sâmburi

½ l supa de pui

½ sticla de vin dulce

1 ceapa primavara

2 morcovi

1 catel de usturoi

1 lingura de faina

Ulei de masline

Sare si piper

ELABORARE

Se condimenteaza si se rumeneste puiul taiat bucatele intr-o oala foarte incinsa cu ulei. Scoateți și rezervați.

În același ulei, căliți ceapa primăvară, usturoiul și morcovii tocate mărunt. Cand legumele sunt bine braconate, adaugam faina si mai fierbem inca un minut.

Se face baie cu vinul dulce si se ridica focul pana scade aproape complet. Se adauga bulionul si se adauga din nou puiul si prunele.

Gatiti aproximativ 15 minute sau pana cand puiul este fraged. Scoateți puiul și amestecați sosul. Pune-l până la sare.

TRUC

Dacă adaugi puțin unt rece în sosul zdrobit și îl bateți cu telul, obțineți mai multă grosime și strălucire.

PIEPT DE PUI PORTOCALA CU NUCI CAJU

INGREDIENTE

4 piept de pui

75 g nuci caju

2 pahare de suc natural de portocale

4 linguri de miere

2 linguri de Cointreau

Făină

Ulei de masline

Sare si piper

ELABORARE

Se condimentează și se înfăinează sânii. Rumeniți-le în ulei din abundență, îndepărtați și rezervați.

Gatiti sucul de portocale cu Cointreau si miere timp de 5 minute. Adăugați piepții în sos și gătiți la foc mic timp de 8 minute.

Serviți cu sosul și nucile caju deasupra.

TRUC

O altă modalitate de a face un sos bun de portocale este să începeți cu caramele nu foarte închise la care se adaugă suc natural de portocale.

PĂRÂNICĂ MURATĂ

INGREDIENTE

4 potârnichi

300 g ceapă

200 g morcovi

2 pahare de vin alb

1 cap de usturoi

1 frunză de dafin

1 pahar de otet

1 pahar de ulei

Sare si 10 boabe de piper

ELABORARE

Se condimentează și se rumenesc potârnichile la foc mare. Retrageți și rezervați.

În același ulei, prăjiți morcovii și ceapa tăiate julien. Cand legumele sunt moi, adauga vinul, otetul, boabele de piper, sarea, usturoiul si frunza de dafin. Se caleste timp de 10 min.

Puneți din nou potârnichea și fierbeți la foc mic încă 10 minute.

TRUC

Pentru ca carnea sau peștele murat să aibă mai multă aromă, este mai bine să se odihnească cel puțin 24 de ore.

CACCIATORE PUI

INGREDIENTE

1 pui tocat

50 g ciuperci feliate

½ l supa de pui

1 pahar de vin alb

4 roşii rase

2 morcovi

2 catei de usturoi

1 praz

½ ceapă

1 buchet de ierburi aromatice (cimbru, rozmarin, dafin...)

Ulei de masline

Sare si piper

ELABORARE

Se condimenteaza si se rumeneste puiul intr-o oala foarte incinsa cu un strop de ulei. Scoateți și rezervați.

Se calesc morcovii, usturoiul, prazul si ceapa taiate bucatele mici in acelasi ulei. Apoi adăugați roșia rasă. Se caleste pana rosia isi pierde apa. Pune puiul înapoi.

Separat, calim ciupercile si adauga-le si la tocanita. Se face baie cu paharul de vin si se lasa sa se reduca.

Se umezește cu bulionul și se adaugă ierburile aromate. Gatiti pana cand puiul este fraged. Rectifică sarea.

TRUC

Acest fel de mâncare se poate face și cu curcan și chiar cu iepure.

ARIPI DE PUI IN STIL COCA COLA

INGREDIENTE

1 kg aripioare de pui

½ litru de Coca-Cola

4 linguri de zahar brun

2 linguri de sos de soia

1 lingura rasa de oregano

½ lămâie

Sare si piper

ELABORARE

Turnați Coca-Cola, zahărul, soia, oregano și sucul de ½ lămâie într-o cratiță și gătiți timp de 2 minute.

Tăiați aripioarele în jumătate și asezonați-le. Coaceți-le la 160 ºC până capătă puțină culoare. În acel moment adăugați jumătate din sos și răsturnați aripioarele. Întoarceți-le la fiecare 20 de minute.

Când sosul este aproape redus, adăugați cealaltă jumătate și continuați să prăjiți până când sosul este gros.

TRUC

Adăugarea unei crengute de vanilie în timp ce preparați sosul îmbunătățește aroma și îi conferă o notă distinctivă.

PUI CU USTUROI

INGREDIENTE

1 pui tocat

8 catei de usturoi

1 pahar de vin alb

1 lingura de faina

1 cayenne

Oțet

Ulei de masline

Sare si piper

ELABORARE

Se condimentează puiul și se rumenește bine. Rezervați și lăsați uleiul să se tempereze.

Tăiați cățeii de usturoi în cuburi și confitați (gătiți în ulei, nu prăjiți) usturoiul și ardeiul cayenne fără a lăsa să se coloreze.

Se face baie cu vinul si se lasa sa reduca pana are o anumita grosime, dar nu se usuca.

Se adauga apoi puiul si putin cate putin deasupra lingurita de faina. Se amestecă (verificați dacă usturoiul se lipește de pui; dacă nu, mai adăugați puțină făină pănă se lipește ușor).

Acoperiți și amestecați din când în când. Gatiti 20 de minute la foc mic. Terminați cu un strop de oțet și gătiți încă 1 minut.

TRUC

Puiul prajit este esential. Trebuie să fie la foc foarte mare pentru a rămâne auriu la exterior și suculent la interior.

PUI AL CHILINDRON

INGREDIENTE

1 pui mic tocat

350 g de șuncă Serrano tocată

1 cutie de 800 g roșii zdrobite

1 ardei gras rosu mare

1 ardei gras verde mare

1 ceapă mare

2 catei de usturoi

Cimbru

1 pahar de vin alb sau rosu

Zahăr

Ulei de masline

Sare si piper

ELABORARE

Se condimentează puiul și se prăjește la foc mare. Scoateți și rezervați.

În același ulei, prăjiți ardeii, usturoiul și ceapa tăiate în bucăți medii. Cand legumele s-au rumenit bine se adauga sunca si se prajesc inca 10 minute.

Puneți puiul înapoi și faceți baie cu vin. Se lasa sa reduca la foc iute 5 minute si se adauga rosiile si cimbrul. Reduceți focul și gătiți încă 30 de minute. Rectifică sarea și zahărul.

TRUC

Aceeasi reteta se poate face si cu chiftele. Nu va mai rămâne nimic în farfurie!

PREPELETI MURATATE SI FRUCTE ROSII

INGREDIENTE

4 prepelite

150 g fructe roșii

1 pahar de otet

2 pahare de vin alb

1 morcov

1 praz

1 catel de usturoi

1 frunză de dafin

Făină

1 pahar de ulei

Sare și piper boabe

ELABORARE

Făină, asezonează și rumenește prepelițele într-o oală. Scoateți și rezervați.

Se calesc morcovul si prazul taiate in batoane in acelasi ulei, si usturoiul feliat. Cand legumele sunt moi, adauga uleiul, otetul si vinul.

Adăugați foaia de dafin și piperul. Se condimentează cu sare și se fierbe timp de 10 minute împreună cu fructele roșii.

Adăugați prepelițele și încălcați încă 10 minute până sunt fragede. Lasati sa stea acoperit de foc.

TRUC

Aceasta marinada impreuna cu carnea de prepelita este un sos minunat si acompaniament pentru o salata buna de salata verde.

PUI CU LAMAIE

INGREDIENTE

1 pui

30 g de zahăr

25 g unt

1 litru de bulion de pui

1dl vin alb

Suc de 3 lămâi

1 ceapă

1 praz

Ulei de masline

Sare si piper

ELABORARE

Tăiați și asezonați puiul. Se rumenesc la foc mare și se scot.

Curățați ceapa și curățați prazul și tăiați-le fâșii julienne. Se calesc legumele in acelasi ulei in care a fost facut puiul. Se face baie cu vinul si se lasa sa se reduca.

Se adauga sucul de la lamai, zaharul si bulionul. Gatiti 5 minute si puneti puiul la loc. Gatiti la foc mic inca 30 de minute. Rectifică sare și piper.

TRUC

Pentru ca sosul să fie mai fin și fără bucăți de legume, este mai bine să-l zdrobiți.

PUI SAN JACOBO CU SUNCA SERRANO, TORTA DEL CASAR SI ARUCULA

INGREDIENTE

8 fileuri subțiri de pui

150 g tort de nunta

100 g rachetă

4 felii de sunca serrano

Făină, ouă și cereale (pentru acoperire)

Ulei de masline

Sare si piper

ELABORARE

Se condimentează fileurile de pui și se întinde cu brânză. Pune pe una dintre ele rucola și șuncă serrano și deasupra așează alta pentru a o închide. Faceți același lucru cu restul.

Treceți-le prin făină, ou bătut și cereale zdrobite. Se prăjește în ulei abundent încins timp de 3 minute.

TRUC

Poate fi acoperit cu floricele de porumb zdrobite, cu kikos și chiar cu viermi mici. Rezultatul este foarte amuzant.

CURRY DE PUI LA COP

INGREDIENTE

4 mucuri de pui (per persoana)

1 litru de smântână

1 arpagic sau ceapa

2 linguri de curry

4 iaurturi naturale

Sare

ELABORARE

Tăiați ceapa în bucăți mici și amestecați-o într-un bol cu iaurturile, smântâna și curry. Asezonați cu sare.

Faceți câteva tăieturi în pui și marinați-l în sosul de iaurt timp de 24 de ore.

Se frige la 180 ºC timp de 90 de minute, se scoate puiul si se serveste cu sosul batut.

TRUC

Dacă rămâne sos, acesta poate fi folosit pentru a face chifteluțe delicioase.

PUI LA VIN ROSU

INGREDIENTE

1 pui tocat

½ litru de vin roşu

1 crenguţă de rozmarin

1 crenguţă de cimbru

2 catei de usturoi

2 praz

1 ardei gras rosu

1 morcov

1 ceapă

Supa de pui

Făină

Ulei de masline

Sare si piper

ELABORARE

Se condimentează şi se rumeneşte puiul într-o caserolă foarte fierbinte. Scoateţi şi rezervaţi.

Tăiaţi legumele în bucăţi mici şi prăjiţi-le în acelaşi ulei în care a fost prăjit puiul.

Se face baie cu vinul, se adauga ierburile aromate si se fierbe aproximativ 10 minute la foc mare pana scade. Se incoporeaza din nou puiul si se uda cu bulion pana este acoperit. Gatiti inca 20 de minute sau pana cand carnea este frageda.

TRUC

Dacă doriți un sos mai fin și fără bucăți, amestecați și strecurați sosul.

PUI FRAPIT CU BERE NEGRA

INGREDIENTE

4 mucuri de pui

750 ml stout

1 lingura chimen

1 crenguță de cimbru

1 crenguță de rozmarin

2 cepe

3 catei de usturoi

1 morcov

Sare si piper

ELABORARE

Tăiați ceapa, morcovii și usturoiul în fâșii julienne. Pune cimbrul și rozmarinul pe fundul unei foi de copt și deasupra pune ceapa, morcovii și usturoiul; iar apoi mucurile de pui cu pielea în jos condimentate și stropite cu chimen. Se prăjește la 175 ºC timp de aproximativ 45 de minute.

Umeziți cu berea după 30 de minute, întoarceți spatele și coaceți încă 45 de minute. Cand puiul este prajit, scoatem din tava si amestecam sosul.

TRUC

Dacă în mijlocul fripturii se adaugă 2 mere feliate și se pasează împreună cu restul de sos, aroma este și mai bună.

Părîniche de ciocolată

INGREDIENTE

4 potârnichi

½ l supa de pui

½ pahar de vin roşu

1 crenguţă de rozmarin

1 crenguţă de cimbru

1 ceapa primavara

1 morcov

1 catel de usturoi

1 roşie rasă

Ciocolată

Ulei de masline

Sare si piper

ELABORARE

Se condimentează şi se rumenesc potârnichile. Rezervă.

Se calesc morcovul, usturoiul si ceapa primavara tocate marunt in acelasi ulei la foc mediu. Ridicaţi focul şi adăugaţi roşia. Gatiti pana cand pierdeti apa. Se face baie cu vinul si se lasa sa se reduca aproape complet.

Adăugaţi bulionul şi adăugaţi ierburile. Se fierbe la foc mic până când potârnichile sunt fragede. Rectifică sarea. Se ia de pe foc si se adauga ciocolata dupa gust. Elimina.

TRUC

Pentru a da preparatului o notă picantă, puteți adăuga un ardei cayenne, iar dacă doriți să fie crocant, adăugați alune sau migdale prăjite.

Sferturi de curcan prăjite cu sos de fructe roșii

INGREDIENTE

4 mucuri de curcan

250 g fructe roșii

½ l de cava

1 crenguță de cimbru

1 crenguță de rozmarin

3 catei de usturoi

2 praz

1 morcov

Ulei de masline

Sare si piper

ELABORARE

Curățați și tăiați în juliană prazul, morcovii și usturoiul. Pune această legumă pe o tavă de copt împreună cu cimbru, rozmarin și fructe roșii.

Puneți deasupra sferturile de curcan, asezonate cu un strop de ulei și pielea în jos. Se prăjește la 175 °C timp de 1 oră.

Se face baie cu cava dupa 30 min. Întoarceți carnea și puneți la grătar încă 45 de minute. Odată ce timpul a trecut, scoateți din tavă. Se macină, se strecoară și se rectifica sarea sosului.

TRUC

Curcanul va fi gata când pulpa și pulpa se desprind ușor.

PUI FRĂJIT CU SOS DE PIERSICI

INGREDIENTE

4 mucuri de pui

½ litru de vin alb

1 crenguță de cimbru

1 crenguță de rozmarin

3 catei de usturoi

2 piersici

2 cepe

1 morcov

Ulei de masline

Sare si piper

ELABORARE

Tăiați ceapa, morcovii și usturoiul în fâșii julienne. Curățați piersicile, tăiați-le în două și îndepărtați sâmburele.

Pune cimbrul si rozmarinul impreuna cu morcovul, ceapa si usturoiul in fundul unei tavi de copt. Puneți deasupra fesele piperate cu un strop de ulei, cu pielea în jos și coaceți la 175 °C timp de aproximativ 45 de minute.

După 30 de minute, se face baie cu vinul alb, se răstoarnă și se mai coace încă 45 de minute. Cand puiul este prajit, scoatem din tava si amestecam sosul.

TRUC

La friptură pot fi adăugate mere sau pere. Sosul va avea un gust grozav.

FILE DE PUI UMPLUT CU SPANAC SI MOZZARELLA

INGREDIENTE

8 fileuri subțiri de pui

200 g spanac proaspăt

150 g de mozzarella

8 frunze de busuioc

1 lingurita chimen macinat

Făină, ou și pesmet (pentru acoperire)

Ulei de masline

Sare si piper

ELABORARE

Condimentează sânii pe ambele părți. Se pune deasupra spanacul, cașcavalul rupt în bucăți și busuiocul tocat, și se acoperă cu alt file. Se trece prin faina, ou batut si un amestec de pesmet si chimen.

Prăjiți câteva minute pe fiecare parte și îndepărtați excesul de ulei pe hârtie absorbantă.

TRUC

Acompaniamentul perfect este un sos bun de rosii. Acest fel de mâncare poate fi făcut cu curcan și chiar cu muschi proaspăt.

PUI PRĂJIT ÎN CAVA

INGREDIENTE

4 mucuri de pui

1 sticla de sampanie

1 crenguță de cimbru

1 crenguță de rozmarin

3 catei de usturoi

2 cepe

Ulei de masline

Sare si piper

ELABORARE

Tăiați ceapa și usturoiul în juliana. Pune cimbrul și rozmarinul pe fundul unei foi de copt, iar deasupra pune ceapa și usturoiul, iar apoi ceapa piperată, cu pielea în jos. Se prăjește la 175 ºC timp de aproximativ 45 de minute.

Faceți baie cu cava după 30 de minute, întoarceți spatele și coaceți încă 45 de minute. Cand puiul este prajit, scoatem din tava si amestecam sosul.

TRUC

O alta variabila din aceeasi reteta este sa o faci cu lambrusco sau vin dulce.

FARGARI DE GUI CU SOS DE ARAIDE

INGREDIENTE

600 g piept de pui

150 g alune

500 ml bulion de pui

200 ml de smântână

3 linguri de sos de soia

3 linguri de miere

1 lingura curry

1 cayenne foarte tocat

1 lingura suc de lamaie

Ulei de masline

Sare si piper

ELABORARE

Zdrobiți foarte bine alunele până devin o pastă. Amesteca-le intr-un bol impreuna cu sucul de lime, bulionul, soia, mierea, curry, sare si piper. Tăiați piepții bucăți și marinați-i în acest amestec peste noapte.

Scoateți puiul și puneți-l pe frigărui. Gatiti amestecul anterior impreuna cu smantana la foc mic timp de 10 min.

Se rumenesc frigaruile intr-o tigaie la foc mediu si se servesc cu sosul deasupra.

TRUC

Se pot face cu muc de pui. Dar în loc să le rumeniți într-o tigaie, le prăjiți la cuptor cu sosul deasupra.

PUI LA PEPITORIA

INGREDIENTE

1 ½ kg de pui

250 g ceapa

50 g migdale prăjite

25 g pâine prăjită

½ l supa de pui

¼ l de vin fin

2 catei de usturoi

2 foi de dafin

2 oua fierte tari

1 lingura de faina

14 fire de șofran

150 g ulei de măsline

Sare si piper

ELABORARE

Tăiați și asezonați puiul tăiat în bucăți. Aur și rezervă.

Tăiați ceapa și usturoiul în bucăți mici și prăjiți-le în același ulei în care a fost făcut puiul. Adăugați făina și fierbeți la foc mic timp de 5 minute. Se face baie cu vinul si se lasa sa se reduca.

Adăugați bulionul până la punctul de sare și gătiți încă 15 minute. Apoi adăugați puiul rezervat împreună cu foile de dafin și gătiți până când puiul este fraged.

Separat prajim sofranul si il adaugam in mojar impreuna cu painea prajita, migdalele si galbenusurile de ou. Bateți până obțineți o pastă și adăugați la tocană de pui. Gatiti inca 5 min.

TRUC

Nu există un acompaniament mai bun pentru această rețetă decât un pilaf bun de orez. Se poate prezenta cu albusurile tocate spuma si putin patrunjel tocat marunt deasupra.

PUI PORTOCALIU

INGREDIENTE

1 pui

25 g unt

1 litru de bulion de pui

1 dl vin rosé

2 linguri de miere

1 crenguță de cimbru

2 morcovi

2 portocale

2 praz

Ulei de masline

Sare si piper

ELABORARE

Se condimentează și se rumenește puiul tocat la foc mare în ulei de măsline. Retrageți și rezervați.

Curățați și curățați morcovii și prazul și tăiați-i fâșii julienne. Se caleste in acelasi ulei in care a fost rumenit puiul. Se face baie cu vinul si se fierbe la foc mare pana scade.

Adăugați sucul de portocale, mierea și bulionul. Gatiti 5 minute si adaugati din nou bucatile de pui. Se fierbe la foc mic timp de 30 de minute. Se adauga untul rece si se condimenteaza cu sare si piper.

TRUC

Puteți sări peste o mână bună de nuci și să le adăugați la tocană la sfârșitul gătitului.

PUI FĂCUT CU BOLETUS

INGREDIENTE

1 pui

200 g șuncă serrano

200 g de hribi

50 g unt

600 ml bulion de pui

1 pahar de vin alb

1 crenguță de cimbru

1 catel de usturoi

1 morcov

1 ceapă

1 rosie

Ulei de masline

Sare si piper

ELABORARE

Tăiați, asezonați și rumeniți puiul în unt și un strop de ulei. Retrageți și rezervați.

În aceeași grăsime, prăjiți ceapa, morcovul și usturoiul tăiate în bucăți mici împreună cu șunca tăiată cubulețe. Ridicați focul și adăugați boletus tocați. Gatiti 2 min, adaugati rosia rasa si gatiti pana isi pierde toata apa.

Adăugați din nou bucățile de pui și faceți baie cu vin. Reduceți până când sosul este aproape uscat. Se umezește cu bulion și se adaugă cimbru. Se fierbe timp de 25 de minute sau până când puiul este fraged. Rectifică sarea.

TRUC

Folosiți ciuperci de sezon sau deshidratate.

PUI SOAT CU NUCĂ ȘI SOIA

INGREDIENTE

3 piept de pui

70 g de stafide

30 g migdale

30 g nuci caju

30 g de nuci

30 g alune de padure

1 pahar de bulion de pui

3 linguri de sos de soia

2 catei de usturoi

1 cayenne

1 lămâie

Ghimbir

Ulei de masline

Sare si piper

ELABORARE

Tocați piepții, condimentați-i și rumeniți-i într-o tigaie la foc mare. Retrageți și rezervați.

In acel ulei se calesc nucile impreuna cu usturoiul ras, si o bucata de ghimbir ras, ardeiul cayenne si coaja de lamaie.

Adăugați stafidele, piepții rezervați și boabele de soia. Reduceți 1 minut și faceți baie cu bulion. Gatiti inca 6 minute la foc mediu si asezonati cu sare daca este necesar.

TRUC

Practic nu va fi necesar să folosiți sare, deoarece este furnizată aproape în întregime de boabele de soia.

PUI CU CIOCOLATA CU ALMEDRE PRIETE

INGREDIENTE

1 pui

60 g ciocolată neagră rasă

1 pahar de vin roşu

1 crenguţă de cimbru

1 crenguţă de rozmarin

1 frunză de dafin

2 morcovi

2 catei de usturoi

1 ceapă

supa de pui (sau apa)

Migdale prajite

Ulei de măsline extra virgin

Sare si piper

ELABORARE

Tăiaţi, asezonaţi şi rumeniţi puiul într-o oală foarte fierbinte. Retrageţi şi rezervaţi.

În acelaşi ulei, prăjiţi ceapa, morcovii şi căţeii de usturoi tăiaţi în bucăţi mici la foc mic.

Adăugați frunza de dafin și crenguțele de cimbru și rozmarin. Se toarnă vinul și bulionul și se fierbe la foc mic timp de 40 de minute. Rectificați sarea și îndepărtați puiul.

Treceți sosul prin blender și puneți-l înapoi în oală. Adăugați puiul și ciocolata și amestecați până se dizolvă ciocolata. Gatiti inca 5 minute pentru a amesteca aromele.

TRUC

Terminați cu migdale prăjite deasupra. Daca adaugi un cayenne sau chilli ii da o nota picanta.

FĂGARI DE MIEL CU VINIGRETĂ DE BOTEI ȘI MUȘTAR

INGREDIENTE

350 g de miel

2 linguri de otet

1 lingura rasa de boia de ardei

1 lingura rasa de mustar

1 lingura rasa de zahar

1 tava cu rosii cherry

1 ardei verde

1 ardei gras rosu

1 ceapa primavara mica

1 ceapă

5 linguri de ulei de măsline

Sare si piper

ELABORARE

Curățați și tăiați legumele, mai puțin ceapa primăvară, în pătrate medii. Tăiați mielul în cuburi de aceeași dimensiune. Se asambleaza frigaruile, introducand o bucata de carne si o bucata de legume. Sezon. Se rumenesc intr-o tigaie foarte incinsa cu putin ulei 1 sau 2 minute pe fiecare parte.

Separat, combină într-un castron muștarul, boia de ardei, zahărul, uleiul, oțetul și arpagicul tăiat în bucăți mici. Se condimentează cu sare și se emulsionează.

Serveste frigaruile proaspat facute cu putin sos de boia.

TRUC

Puteti adauga in vinegreta si 1 lingura de curry si putina coaja de lamaie.

INOTOARE DE VIDEL Umpluta CU PORT

INGREDIENTE

1 kg de înotătoare de vițel (deschideți în carte pentru a umple)

350 g carne de porc tocata

1 kg de morcovi

1 kg de ceapa

100 g de nuci de pin

1 conserve mică de ardei piquillo

1 cutie de masline negre

1 pachet de bacon

1 cap de usturoi

2 foi de dafin

vin de porto

bulion de carne

Ulei de masline

Sare și piper boabe

ELABORARE

Condimentează aripioarele pe ambele părți. Se umple cu carnea de porc, nucile de pin, ardeii tocati, maslinele taiate in sferturi si baconul taiat fasii. Se rulează și se pune într-o plasă sau cravată cu fir de căpăstru. Se rumenesc la foc foarte mare, se scot și se rezervă.

Tăiați morcovii, ceapa și usturoiul în brunoise și rumeniți-le în același ulei în care a fost prăjit vițelul. Pune la loc aripioarele. Se face baie cu un strop de porto și bulion de carne până se acoperă totul. Adăugați 8 boabe de piper și foile de dafin. Gatiti acoperit la foc mic timp de 40 de minute. Întoarceți la fiecare 10 minute. Odată ce carnea este moale, scoateți și amestecați sosul.

TRUC

Portul poate fi înlocuit cu orice alt vin sau cu șampanie.

Chiftelute LA MADRILEÑA

INGREDIENTE

1 kg carne tocată de vită

500 g carne de porc tocata

500 g roșii coapte

150 g ceapă

100 g ciuperci

1 l bulion de carne (sau apa)

2 dl vin alb

2 linguri patrunjel proaspat

2 linguri de pesmet

1 lingura de faina

3 catei de usturoi

2 morcovi

1 frunză de dafin

1 ou

Zahăr

Ulei de masline

Sare si piper

ELABORARE

Amesteca cele doua carni cu patrunjelul tocat, 2 catei de usturoi taiati cubulete, pesmetul, oul, sare si piper. Faceți bile și rumeniți-le într-o caserolă. Scoateți și rezervați.

In acelasi ulei calim ceapa cu celalalt usturoi, adaugam faina si calim. Adăugați roșiile și încălcați încă 5 min. Se face baie cu vinul si se mai fierbe 10 minute. Adăugați bulionul și continuați să gătiți încă 5 minute. Zdrobiți și rectificați sarea și zahărul. Se fierb chiftelele in sos timp de 10 minute impreuna cu dafinul.

Separat, curățați, curățați și tăiați morcovii și ciupercile. Le calim cu putin ulei 2 min si le adaugam in tocanita de chiftelute.

TRUC

Pentru ca amestecul de chiftele să fie mai gustos, adăugați 150 g de slănină iberică proaspătă tocată. Este de preferat să nu apăsați prea mult atunci când faceți biluțele pentru ca acestea să fie mai suculente.

OBAJI DE VITA CU CIOCOLATA

INGREDIENTE

8 obraji de vita

½ litru de vin roşu

6 uncii de ciocolată

2 catei de usturoi

2 rosii

2 praz

1 tulpină de ţelină

1 morcov

1 ceapă

1 crenguţă de rozmarin

1 crenguţă de cimbru

Făină

bulion de carne (sau apa)

Ulei de masline

Sare si piper

ELABORARE

Se condimentează şi se rumenesc obrajii într-o oală foarte fierbinte. Scoateţi şi rezervaţi.

Tăiați legumele în brunoise și căleți-le în aceeași oală în care au fost prăjiți obrajii.

Când legumele sunt moi, adăugați roșiile rase și gătiți până se pierde toată apa. Se adauga vinul, ierburile aromatice si se lasa sa se reduca 5 min. Adăugați obrajii și bulionul de carne până sunt acoperiți.

Gatiti pana obrajii sunt foarte fragezi, adaugati ciocolata dupa gust, amestecati si asezonati cu sare si piper.

TRUC

Sosul poate fi maruntit sau lasat cu bucatile intregi de legume.

PLAINTA DE PORC CONFIT CU SOS DE VIN DULCE

INGREDIENTE

½ porc de lapte tocat

1 pahar de vin dulce

2 crengute de rozmarin

2 crengute de cimbru

4 catei de usturoi

1 morcov mic

1 ceapa mica

1 rosie

ulei de măsline blând

sare grunjoasă

ELABORARE

Întindeți porcușorul pe o tavă și sare pe ambele părți. Adăugați usturoiul zdrobit și aromatele. Se acoperă cu ulei și se prăjește la 100 ºC timp de 5 ore. Apoi se lasa sa se incalzeasca si se dezoseaza, indepartand carnea si pielea.

Pune hartie de copt pe o tava de copt. Împărțiți carnea de porc și puneți deasupra pielea porcului (trebuie să aibă cel puțin 2 degete înălțime). Se pune o altă hârtie de copt și se păstrează la frigider cu puțină greutate deasupra.

Între timp, faceți un bulion închis la culoare. Tăiați oasele și legumele în bucăți medii. Prăjiți oasele la 185 ºC timp de 35 de minute, adăugați legumele pe părțile laterale și prăjiți încă 25 de minute. Scoatem din cuptor si facem baie cu vinul. Se pune totul intr-o oala si se acopera cu apa rece. Gatiti 2 ore la foc foarte mic. Se strecoară și se pune la foc până se îngroașă ușor. Degresează.

Tăiați tortul în porții și rumeniți-l într-o tavă încinsă pe partea de piele până devine crocant. Se coace 3 min la 180ºC.

TRUC

Este un preparat mai laborios decât dificil, dar rezultatul este spectaculos. Singurul truc ca sa nu se strice la final este sa servim sosul pe marginea carnii si nu deasupra.

IEPURE LA MARC

INGREDIENTE

1 iepure tocat

80 g migdale

1 litru de bulion de pui

400 ml de tescovină

200 ml de smântână

1 crenguță de rozmarin

1 crenguță de cimbru

2 cepe

2 catei de usturoi

1 morcov

10 fire de șofran

Sare si piper

ELABORARE

Tăiați, asezonați și rumeniți iepurele. Retrageți și rezervați.

Puneți morcovul, ceapa și usturoiul tăiate în bucăți mici în același ulei. Adăugați șofranul și migdalele și gătiți timp de 1 min.

Ridicați căldura și faceți baie cu tescovină. flambează Se adauga iarasi iepurele si se uda cu bulion. Adăugați cimbru și crenguțe de rozmarin.

Gatiti aproximativ 30 de minute pana iepurele este fraged si adaugati smantana. Gatiti inca 5 minute si asezonati cu sare.

TRUC

A flamba înseamnă a arde alcoolul unui spirit. Când faceți acest lucru, trebuie să aveți grijă să aveți hota de aspirație oprită.

Chiftelute IN SOS DE ALUNE PEPITORIA

INGREDIENTE

750 g carne de vită tocată

750 g carne de porc tocata

250 g ceapa

60 g alune de padure

25 g pâine prăjită

½ l supa de pui

¼ litru de vin alb

10 fire de şofran

2 linguri patrunjel proaspat

2 linguri de pesmet

4 catei de usturoi

2 oua fierte tari

1 ou proaspat

2 foi de dafin

150 g ulei de măsline

Sare si piper

ELABORARE

Amesteca intr-un bol carnea, patrunjelul tocat, usturoiul taiat cubulete, pesmetul, oul, sare si piper. Făină și rumenește într-o cratiță la foc mediu-înalt. Retrageți și rezervați.

În același ulei, căliți ceapa și ceilalți 2 căței de usturoi tăiați cubulețe mici la foc mic. Se face baie cu vinul si se lasa sa se reduca. Se adauga bulionul si se fierbe 15 min. Adăugați chiftelele în sos împreună cu foile de dafin și gătiți încă 15 minute.

Separat prajeste sofranul si zdrobeste-l intr-un mojar impreuna cu painea prajita, alunele si galbenusurile pana se obtine o pasta omogena. Adăugați la tocană și gătiți încă 5 minute.

TRUC

Se serveste cu albusurile tocate deasupra si putin patrunjel.

ESCALOPINE DE VIDEL CU BERE NEGRA

INGREDIENTE

4 fripturi de vita

125 g ciuperci shiitake

1/3 litru de bere neagra

1 dl bulion de carne

1dl de smântână

1 morcov

1 ceapa primavara

1 rosie

1 crenguță de cimbru

1 crenguță de rozmarin

Făină

Ulei de masline

Sare si piper

ELABORARE

Se condimentează și se înfăinează fileurile. Rumeniți-le ușor într-o tigaie cu puțin ulei. Scoateți și rezervați.

Se caleste ceapa primavara taiata cubulete si morcovul in acelasi ulei. Când sunt poșate, se adaugă roșia rasă și se fierbe până când sosul este aproape uscat.

Se face baie cu berea, se lasa alcoolul sa se evapore 5 min la foc mediu si se adauga bulionul, ierburile si fileurile. Gatiti 15 minute sau pana se inmoaie.

Separat, căliți ciupercile filetate la foc mare și adăugați-le în tocană. Rectifică sarea.

TRUC

Fileurile nu trebuie prea fierte, altfel vor fi foarte tari.

TRIPES A LA MADRILEÑA

INGREDIENTE

1 kg de tripă curată

2 picioare de porc

25 g de făină

1dl de otet

2 linguri boia de ardei

2 foi de dafin

2 cepe (1 dintre ele cu țepuși)

1 cap de usturoi

1 ardei iute

2 dl ulei de măsline

20 g de sare

ELABORARE

Se albesc tripaia si trotul de porc intr-o oala cu apa rece. Gatiti 5 minute dupa ce a inceput sa fiarba.

Scurgeți și înlocuiți cu apă curată. Adăugați ceapa cu vârf, ardeiul iute, usturoiul și foile de dafin. Se mai adauga apa daca este nevoie sa fie bine acoperita si se fierbe la foc mic si acoperit timp de 4 ore sau pana cand picioarele si tripaia sunt fragede.

Când tripața este gata, îndepărtați ceapa țeapă, frunza de dafin și ardeiul iute. De asemenea, scoateți picioarele, dezosați-le și tăiați-le în bucăți asemănătoare cu mărimea tripei. Pune-l înapoi în oală.

Separat se caleste cealalta ceapa taiata in brunoise, se adauga boia de ardei si 1 lingura de faina. Odată poșat, se adaugă la tocană. Se fierbe 5 minute, se condimentează cu sare și, dacă este necesar, se îngroașă.

TRUC

Aceasta reteta capata savoare daca este pregatita cu o zi sau doua inainte. De asemenea, puteți adăuga niște năut fiert și obțineți o farfurie cu leguminoase de primă clasă.

MUCHĂ DE PORC FRĂJĂ CU MĂR ȘI MENTĂ

INGREDIENTE

800 g muschie proaspata de porc

500 g de mere

60 g zahăr

1 pahar de vin alb

1 pahar de coniac

10 frunze de mentă

1 frunză de dafin

1 ceapă mare

1 morcov

Ulei de masline

Sare si piper

ELABORARE

Se asezoneaza muschiul cu sare si piper si se rumeneste la foc iute. Retrageți și rezervați.

Prăjiți în acel ulei ceapa și morcovul curați și tăiați mărunt. Curățați și curățați merele de coajă.

Transferați totul într-o tavă de copt, faceți o baie cu alcool și adăugați foaia de dafin. Se coace la 185°C timp de 90 min.

Scoateți merele și legumele și amestecați-le cu zahărul și menta. Fileați muschiul și sosul cu sucul de copt și însoțiți compotul de mere.

TRUC

Adăugați puțină apă în tavă în timpul coacerii pentru a preveni uscarea muschiului.

Chiftelute DE PUI CU SOS DE ZMEURE

INGREDIENTE

Pentru chiftele

1 kg carne tocată de pui

1dl lapte

2 linguri de pesmet

2 oua

1 catel de usturoi

vin de sherry

Făină

Pătrunjel tocat

Ulei de masline

Sare si piper

Pentru sosul de zmeura

200 g dulceata de zmeura

½ l supa de pui

1 ½ dl de vin alb

½ dl sos de soia

1 rosie

2 morcovi

1 catel de usturoi

1 ceapă

Sare

ELABORARE

Pentru chiftele

Amestecați carnea cu pesmetul, laptele, ouăle, cățelul de usturoi tocat mărunt, pătrunjelul și un strop de vin. Se condimenteaza cu sare si piper si se lasa sa se odihneasca 15 min.

Formați bile mici cu amestecul și treceți-le prin făină. Rumeniți în ulei încercând să lase ceva crud înăuntru. Rezervă uleiul.

Pentru sosul de zmeură dulce-acru

Curățați și tăiați ceapa, usturoiul și morcovii în cuburi mici. Se calesc in acelasi ulei in care s-au rumenit chiftelele. Se condimentează cu un praf de sare. Adăugați roșia tocată fără coajă sau semințe și braconați până se evaporă apa.

Se face baie cu vinul si se fierbe pana scade la jumatate. Adăugați sosul de soia și bulionul și gătiți încă 20 de minute până când sosul devine gros. Adăugați dulceața și chiftelele și gătiți totul împreună încă 10 minute.

TRUC

Dulceata de zmeura poate fi inlocuita cu alta din orice fructe rosii si chiar cu dulceata.

TOCANĂ DE MIEL

INGREDIENTE

1 pulpă de miel

1 pahar mare de vin roșu

½ cană de roșii zdrobite (sau 2 roșii rase)

1 lingura boia dulce

2 cartofi mari

1 ardei verde

1 ardei gras rosu

1 ceapă

bulion de carne (sau apa)

Ulei de masline

Sare si piper

ELABORARE

Tăiați, asezonați și rumeniți pulpa într-o oală foarte fierbinte. Scoateți și rezervați.

În același ulei, prăjiți ardeii tăiați cubulețe și ceapa. Cand legumele sunt bine calate, adaugam lingura de boia de ardei si rosiile. Continuați să gătiți la foc mare până când roșia își pierde apa. Apoi adăugați din nou mielul.

Se face baie cu vinul si se lasa sa se reduca. Acoperiți cu supa de carne.

Adăugați cartofii cachelada (nu tăiați) când mielul este fraged și fierbeți până când cartofii sunt gata. Rectifică sare și piper.

TRUC

Pentru un sos și mai delicios, prăjiți separat 4 ardei piquillo și 1 cățel de usturoi. Se amestecă împreună cu puțin bulion din tocană și se adaugă la tocană.

IEPPE CIVET

INGREDIENTE

1 iepure

250 g ciuperci

250 g morcovi

250 g ceapa

100 g bacon

¼ litru de vin roşu

3 linguri de sos de rosii

2 catei de usturoi

2 crengute de cimbru

2 foi de dafin

bulion de carne (sau apa)

Ulei de masline

Sare si piper

ELABORARE

Tăiaţi iepurele şi marinaţi-l timp de 24 de ore în morcovii, usturoiul şi ceapa tăiate în bucăţi mici, vinul, 1 crenguţă de cimbru şi 1 frunză de dafin. Odată trecut timpul se strecoară şi se rezervă vinul pe de o parte şi legumele pe de altă parte.

Se condimentează iepurele cu sare şi piper, se rumeneşte la foc iute şi se scoate. Se calesc legumele la foc mediu-mic in acelasi ulei. Se adauga sosul de rosii si se caleste 3 minute. Pune iepurele înapoi. Se face baie cu vinul si bulionul pana ce carnea este acoperita. Adăugați cealaltă crenguță de cimbru și cealaltă frunză de dafin. Gatiti pana se inmoaie iepurele.

Între timp, căliți baconul mărunțit și ciupercile tăiate în sferturi și adăugați la tocană. Separat, zdrobiți ficatul de iepure într-un mojar și adăugați-l și el. Gatiti inca 10 minute si asezonati cu sare si piper.

TRUC

Acest fel de mâncare poate fi făcut cu orice animal de vânat și va fi mai gustos dacă este făcut cu o zi înainte.

IEPURE CU PIPERRADA

INGREDIENTE

1 iepure

2 roșii mari

2 cepe

1 ardei verde

1 catel de usturoi

Zahăr

Ulei de masline

Sare si piper

ELABORARE

Tăiați, asezonați și rumeniți iepurele într-o oală încinsă. Retrageți și rezervați.

Tăiați ceapa, ardeiul și usturoiul în bucăți mici și le prăjiți la foc mic timp de 15 minute în același ulei în care a fost făcut iepurele.

Adăugați roșiile tăiate în brunoise și gătiți la foc mediu până își pierd toată apa. Rectificați sarea și zahărul dacă este necesar.

Se adauga iepurele, se reduce focul si se fierbe 15 sau 20 de minute cu oala acoperita, amestecand din cand in cand.

TRUC

La piperrada se pot adăuga dovlecel sau vinete.

Chiftelute de pui umplute cu branza cu sos de curry

INGREDIENTE

500 g pui tocat

150 g de brânză tăiată cubulețe

100 g pesmet

200 ml de smântână

1 pahar de bulion de pui

2 linguri curry

½ lingură pesmet

30 de stafide

1 ardei verde

1 morcov

1 ceapă

1 ou

1 lămâie

Lapte

Făină

Ulei de masline

Sare

ELABORARE

Se condimenteaza puiul si se amesteca cu pesmetul, oul, 1 lingura de curry si pesmetul inmuiat in lapte. Formați bile, umpleți cu un cub de brânză și treceți prin făină. Se prăjește și se rezervă.

Rumeniți ceapa, ardeiul și morcovul tăiați în bucăți mici în același ulei. Adăugați coaja de lămâie și gătiți câteva minute. Adaugati cealalta lingura de curry, stafidele si supa de pui. Adaugati smantana cand incepe sa fiarba si gatiti 20 min. Rectifică sarea.

TRUC

Un acompaniament ideal pentru aceste chiftele sunt ciupercile tăiate în sferturi și sotate cu câțiva căței de usturoi tăiați în bucăți mici și spălate cu un strop bun de vin Porto sau Pedro Ximénez.

OBAJI DE PORC LA VIN ROȘU

INGREDIENTE

12 obraji de porc

½ litru de vin roșu

2 catei de usturoi

2 praz

1 ardei gras rosu

1 morcov

1 ceapă

Făină

bulion de carne (sau apa)

Ulei de masline

Sare si piper

ELABORARE

Se condimentează și se rumenesc obrajii într-o oală foarte fierbinte. Scoateți și rezervați.

Tăiați legumele în bronoise și prăjiți-le în același ulei în care a prăjit carnea de porc. Cand sunt bine braconate, adaugam vinul si lasam sa se reduca 5 min. Adaugam obrajii si bulionul de carne pana sunt acoperiti.

Gătiți până când obrajii sunt foarte fragezi și amestecați sosul dacă doriți să nu rămână bucăți de legume.

TRUC

Obrajii de porc durează mult mai puțin timp pentru a se prepara decât obrajii de vită. Se obține o aromă diferită dacă la final se adaugă în sos o uncie de ciocolată.

MATASEA DE PORC NAVARA

INGREDIENTE

2 pulpe de miel tocate

50 g untură

1 lingurita boia

1 lingura otet

2 catei de usturoi

1 ceapă

Ulei de masline

Sare si piper

ELABORARE

Tăiați tulpinile de miel în bucăți. Se sare si se pipereaza si se rumenesc la foc mare intr-o oala. Scoateți și rezervați.

Caliti ceapa si usturoiul tocate marunt in acelasi ulei timp de 8 min la foc mic. Adăugați boia de ardei și căliți încă 5 secunde. Adăugați mielul și acoperiți cu apă.

Gatiti pana cand sosul este redus si carnea este frageda. Se umezește cu oțet și se aduce la fierbere.

TRUC

Rumenirea inițială este esențială deoarece împiedică scurgerea sucurilor. În plus, oferă o atingere crocantă și îmbunătățește aromele.

FIATĂ DE VITA CU SOS DE ARAIDE

INGREDIENTE

750 g de budincă neagră

250 g alune

2 l supa de carne

1 pahar de smântână

½ pahar de coniac

2 linguri de sos de rosii

1 crenguță de cimbru

1 crenguță de rozmarin

4 cartofi

2 morcovi

1 ceapă

1 catel de usturoi

Ulei de masline

Sare si piper

ELABORARE

Tăiați, asezonați și rumeniți budinca neagră la foc mare. Scoateți și rezervați.

Căleți ceapa, usturoiul și morcovii tăiați cubulețe mici la foc mic în același ulei. Se mărește focul și se adaugă sosul de roșii. Se lasa sa reduca pana isi pierde toata apa. Udă cu țuică și lasă alcoolul să se evapore. Adăugați din nou carnea.

Se pasează bine alunele cu bulionul și se adaugă în caserolă, împreună cu ierburile aromatice. Gatiti la foc mic pana cand carnea este aproape frageda.

Se adauga apoi cartofii curatati si taiati in patrate obisnuite, si smantana. Gatiti 10 minute si asezonati cu sare si piper. Lasati sa se odihneasca 15 minute inainte de servire.

TRUC

Acest fel de mâncare din carne poate fi însoțit de orez pilaf (vezi secțiunea Orez și paste).

PORC FRÂPT

INGREDIENTE

1 porcușor de lapte

2 linguri de untură

Sare

ELABORARE

Tapetați urechile și coada cu folie de aluminiu pentru a nu se arde.

Asezati 2 linguri de lemn pe o tava de copt si asezati porusul cu fata in sus, evitand ca acesta sa atinga baza recipientului. Adăugați 2 linguri de apă și coaceți la 180ºC timp de 2 ore.

Se dizolvă sarea în 4 dl de apă și se vopsește interiorul porcului de lapte la fiecare 10 minute. După o oră, răsturnați-l și continuați să vopsiți cu apă și sare până la expirarea timpului.

Topiți untul și vopsiți pielea. Ridicați cuptorul la 200 °C și coaceți încă 30 de minute sau până când pielea devine aurie și crocantă.

TRUC

Nu sosați cu sucul deasupra pielii; asta l-ar face să-și piardă criza. Serviți sosul la baza vasului.

CULOTE PRĂJITE CU VARZA

INGREDIENTE

4 degetelor

½ varză

3 catei de usturoi

Ulei de masline

Sare si piper

ELABORARE

Acoperiți articulații cu apă clocotită și gătiți timp de 2 ore sau până când sunt complet fragezi.

Scoateți-le din apă și coaceți-le cu un strop de ulei la 220ºC până se rumenesc. Sezon.

Tăiați varza în fâșii subțiri. Gatiti in multa apa clocotita timp de 15 minute. Scurgere.

Intre timp se rumenesc usturoiul feliat in putin ulei, se adauga varza si se calesc. Se condimentează cu sare și piper și se servește împreună cu ciocolatele prăjite.

TRUC

Degetele se pot face și într-o tigaie foarte fierbinte. Rumeniți-le bine pe toate părțile.

CACCIATOR DE IEPURE

INGREDIENTE

1 iepure

300 g ciuperci

2 pahare de bulion de pui

1 pahar de vin alb

1 crenguță de cimbru proaspăt

1 frunză de dafin

2 catei de usturoi

1 ceapă

1 rosie

Ulei de masline

Sare si piper

ELABORARE

Tăiați, asezonați și rumeniți iepurele la foc mare. Scoateți și rezervați.

Se caleste ceapa si usturoiul taiate bucatele mici la foc mic in acelasi ulei timp de 5 min. Se mărește focul și se adaugă roșia rasă. Gatiti pana nu mai ramane apa.

Aruncă iepurele înapoi înăuntru și faci baie cu vin. Se lasa sa se reduca si sosul este aproape uscat. Adăugați bulionul și gătiți împreună cu ierburile aromatice timp de 25 de minute sau până când carnea este fragedă.

Între timp, căliți ciupercile curățate și tăiate felii într-o tigaie încinsă timp de 2 minute. Asezonați cu sare și adăugați-le în tocană. Gatiti inca 2 minute si asezonati cu sare daca este necesar.

TRUC

Aceeasi reteta poate fi facuta cu carne de pui sau curcan.

ESCALOPE DE VITA A LA MADRILEÑA

INGREDIENTE

4 fripturi de vita

1 lingura patrunjel proaspat

2 catei de usturoi

Făină, ou și pesmet (pentru acoperire)

Ulei de masline

Sare si piper

ELABORARE

Tocați mărunt pătrunjelul și usturoiul. Combinați-le într-un bol și adăugați pesmetul. Elimina.

Se condimenteaza fileurile cu sare si piper si se trece prin faina, ou batut si amestecul de pesmet cu usturoiul si patrunjel.

Apăsați cu mâinile pentru ca pâinea să se lipească bine și prăjiți în ulei foarte încins timp de 15 secunde.

TRUC

Zdrobiți fileurile cu un ciocan, astfel încât fibrele să se rupă și carnea să fie mai fragedă.

IEPURE FĂCUT CU ciuperci

INGREDIENTE

1 iepure

250 g de ciuperci de sezon

50 g untură

200 g bacon

45 g migdale

600 ml bulion de pui

1 pahar de vin de sherry

1 morcov

1 rosie

1 ceapă

1 catel de usturoi

1 crenguță de cimbru

Sare si piper

ELABORARE

Tăiați și asezonați iepurele. Se rumeneste la foc iute in unt impreuna cu baconul taiat batoane. Scoateți și rezervați.

În aceeași grăsime, căliți ceapa, morcovul și usturoiul tăiate în bucăți mici. Adăugați ciupercile tocate și gătiți timp de 2 minute. Adăugați roșia rasă și gătiți până își pierde apa.

Adauga din nou iepurele si baconul si se scalda cu vinul. Se lasa sa se reduca si sosul este aproape uscat. Se adauga bulionul si se adauga cimbrul. Se fierbe la foc mic timp de 25 de minute sau până când iepurele este moale. Terminați cu migdalele deasupra și asezonați cu sare.

TRUC

Se pot folosi ciuperci shiitake uscate. Ele adaugă multă aromă și aromă.

COSTITE DE PORC IBERIAN CU VIN ALB SI MIERE

INGREDIENTE

1 coastă iberică de porc

1 pahar de vin alb

2 linguri de miere

1 lingura boia dulce

1 lingura rozmarin tocat

1 lingura de cimbru tocat

1 catel de usturoi

Ulei de masline

Sare si piper

ELABORARE

Pune într-un bol condimentele, usturoiul ras, mierea și sarea. Adăugați ½ pahar mic de ulei și amestecați. Întindeți coasta cu acest amestec.

Se prăjește la 200 °C timp de 30 de minute cu carnea în jos. Întoarceți, stropiți cu vin și coaceți încă 30 de minute sau până când coastele devin aurii și fragede.

TRUC

Pentru ca aromele să pătrundă mai mult în coaste, este mai bine să marinați carnea cu o zi înainte.

POTE GALLEGO

INGREDIENTE

250 g fasole albă

500 g blaturi de napi curate

500 g de budincă neagră

100 g de sunca

100 g de tartinat

1 coloană vertebrală

3 cartofi

1 cârnați

1 budincă neagră

Sare

ELABORARE

Înmuiați fasolea în apă rece timp de 12 ore înainte.

Punem toate ingredientele intr-o oala, mai putin cartofii si blaturile de napi si le calim in 2 l de apa rece, nesarata, la foc mic.

Într-o altă caserolă, gătiți blaturile de napi din apă clocotită cu sare timp de 15 minute.

Cand fasolea este aproape gata, adaugam cartofii cachet si asezonam cu sare. Aruncați blaturile de napi. Se lasa cateva secunde pe foc si se aduce la masa cu carnea portionata.

TRUC

Tăiați gătitul de 3 ori cu apă rece sau gheață în timpul preparării, astfel încât fasolea să iasă mai frageda și să nu-și piardă coaja.

LENTE LYONEZĂ

INGREDIENTE

500 g de linte

700 g ceapa

200 g unt

1 crenguță de pătrunjel

1 crenguță de cimbru

1 frunză de dafin

1 ceapa mica

1 morcov

6 cuișoare

Sare

ELABORARE

Se caleste ceapa taiata juliana la foc mic in unt. Acoperiți și gătiți până devin ușor aurii.

Adăugați lintea, cuișoarele bătute cu ciocanul în ceapa mică întreagă, morcovul tocat și ierburile. Acoperiți cu apă rece.

Se degresează și se fierbe la foc mic până când leguminoasele sunt fragede. Rectifică sarea.

TRUC

Este important să începem cu gătitul la foc mare pentru a trece la foc mediu, așa că le vom împiedica să se lipească.

LINTE CURY CU MER

INGREDIENTE

300 g de linte

8 linguri de smântână

1 lingura curry

1 măr auriu

1 crenguță de cimbru

1 crenguță de pătrunjel

1 frunză de dafin

2 cepe

1 catel de usturoi

3 cuișoare

4 linguri de ulei

Sare si piper

ELABORARE

Fierbeți lintea timp de 1 oră în apă rece împreună cu 1 ceapă, usturoi, dafin, cimbru, pătrunjel, cuișoare, sare și piper.

Separat, căliți cealaltă ceapă cu mărul în ulei. Adăugați curry și amestecați.

Adăugați lintea în caserola cu mere și gătiți încă 5 minute. Adăugați smântâna și amestecați cu grijă.

TRUC

Daca ramane linte, se poate transforma in crema si insotita de niste creveti sotati.

POCHAS A LA NAVARRE

INGREDIENTE

400 g fasole

1 lingura boia

5 catei de usturoi

1 ardei verde italian

1 ardei gras rosu

1 praz curat

1 morcov

1 ceapă

1 roșie mare

Ulei de masline

Sare

ELABORARE

Curățați bine fasolea. Acoperiți-le cu apă într-o oală împreună cu ardeii, ceapa, prazul, roșia și morcovul. Gatiti aproximativ 35 min.

Scoateți legumele și mărunțiți. Apoi adăugați-le înapoi în tocană.

Tăiați mărunt usturoiul și rumeniți-l în puțin ulei. Se ia de pe foc si se adauga boia de ardei. Se calesc 5 si se incorporeaza in pochas. Rectifică sarea.

TRUC

Fiind leguminoase proaspete, timpul de gătire este mult mai scurt.

LINTE

INGREDIENTE

500 g de linte

1 lingura boia

1 morcov mare

1 ceapă medie

1 ardei gras mare

2 catei de usturoi

1 cartof mare

1 vârf de şuncă

1 cârnaţi

1 budincă neagră

Slănină

1 frunză de dafin

Sare

ELABORARE

Se calesc legumele tocate marunt pana se inmoaie usor. Se toarnă boia şi se adaugă 1 ½ l de apă (poate fi înlocuit cu bulion de legume sau chiar bulion de carne). Se adauga lintea, carnea, varful sunca si foaia de dafin.

Scoateți şi rezervați chorizo şi cârnaţii când sunt moi pentru a nu se rupe. Continuați să gătiți lintea până când este gata.

Adăugați cartofii tăiați cubulețe şi gătiți încă 5 minute. Pune un praf de sare.

TRUC

Pentru a-i da o notă diferită, adăugați 1 baton de scorțișoară la linte în timp ce gătiți.

MUSAKA DE FASOLE CU ciuperci

INGREDIENTE

250 g fasole roșie fiartă

500 g sos de rosii de casa

200 g ciuperci

100 g branza rasa

½ pahar de vin roșu

2 vinete

2 catei de usturoi

1 ceapă mare

½ ardei verde

½ ardei gras galben

¼ ardei gras rosu

1 frunză de dafin

Lapte

Oregano

Ulei de masline

Sare si piper

ELABORARE

Tăiați vinetele felii și puneți-le în lapte sărat ca să-și piardă amărăciunea.

Separat, tocați ceapa, usturoiul și ardeii și le prăjiți într-o tigaie. Adăugați ciupercile și continuați să soțiți. Se uda cu vinul si se lasa sa se reduca la foc iute. Adăugați sosul de roșii, oregano și foaia de dafin. Gatiti 15 min. Se ia de pe foc si se adauga fasolea. Sezon.

Intre timp se scurg si se usuca bine feliile de vinete si se prajesc in putin ulei pe ambele parti.

Așezați fasolea și vinetele într-o tavă de copt până când se epuizează ingredientele. Terminați cu un strat de vinete. Se presară brânză rasă și se gratinează.

TRUC

Această rețetă este rafinată cu linte sau cu orice leguminoase rămase din alte preparate.

VIGIL POTAJE

INGREDIENTE

1 kg de năut

1 kg de cod

500 g de spanac

50 g migdale

3 l de fum

2 linguri sos de rosii

1 lingura boia

3 felii de paine prajita

2 catei de usturoi

1 ardei verde

1 ceapă

1 frunză de dafin

Ulei de masline

Sare

ELABORARE

Lăsați năutul la macerat timp de 24 de ore.

Se calesc intr-o cratita la foc mediu ceapa, usturoiul si ardeiul taiate cubulete mici. Adaugam boiaua, dafinul, sosul de rosii si acoperim cu supa de peste. Cand incepe sa fiarba adaugam nautul. Cand sunt aproape fragezi se adauga codul si spanacul.

Intre timp, piurezi migdalele cu painea prajita. Zdrobiți și încorporați în tocană. Gatiti inca 5 minute si asezonati cu sare.

TRUC

Nautul trebuie adaugat in oala cu apa clocotita, altfel vor fi tari si isi vor pierde pielea foarte usor.

POCHAS CU COCOȘI

INGREDIENTE

400 g fasole

500 g cocos

½ pahar de vin alb

4 catei de usturoi

1 ardei gras verde mic

1 roșie mică

1 ceapă

1 praz

1 cayenne

patrunjel proaspat tocat

Ulei de masline

ELABORARE

Într-o oală puneți fasolea, ardeiul, ½ ceapă, prazul curat, 1 cățel de usturoi și roșia. Acoperiți cu apă rece și gătiți aproximativ 35 de minute până când leguminoasele sunt fragede.

Separat, căliți la foc mare cealaltă jumătate de ceapă, ardeiul cayenne și usturoiul rămas, tăiați foarte mărunt. Adăugați scoarta și faceți baie cu vinul.

Adăugați în pochas bucățelele cu sosul lor, adăugați pătrunjelul și gătiți încă 2 minute. Rectifică sarea.

TRUC

Scufundați stăpânii în apă rece cu sare timp de 2 ore, astfel încât să elibereze tot pământul pe care îl pot avea.

COD AJOARRIERO

INGREDIENTE

400 g cod desarat fulgi

2 linguri de ardei chorizo hidratat

2 linguri de sos de rosii

1 ardei verde

1 ardei gras rosu

1 catel de usturoi

1 ceapă

1 ardei iute

Ulei de masline

Sare

ELABORARE

Tăiați legumele în juliana și căleți-le la foc mediu mic până devin foarte moi. La sare.

Adăugați lingurile de ardei chorizo, sosul de roșii și chilli. Adăugați codul mărunțit și gătiți 2 min.

TRUC

Este umplutura perfectă pentru a pregăti o empanada delicioasă.

COCOLE ABURATE DE SHERRY

INGREDIENTE

750 g scoici

600 ml vin Jerez

1 frunză de dafin

1 catel de usturoi

1 lămâie

2 linguri de ulei de măsline

Sare

ELABORARE

Curățați gărușile.

Adăugați 2 linguri de ulei într-o tigaie încinsă și rumeniți ușor usturoiul tocat.

Adaugati deodata scoarta, vinul, dafinul, lamaia si sarea. Acoperiți și gătiți până se deschid.

Servește gărușile cu sosul lor.

TRUC

Epurarea înseamnă scufundarea bivalvelor în apă rece cu multă sare pentru a elimina eventualele nisipuri și impurități.

ALL I PEBRE DE LUMĂRI CU CREVETI

INGREDIENTE

Pentru stocul de peste

15 capete și corpuri de creveți

1 cap sau 2 spini de coadă de monkfish sau pește alb

Ketchup

1 ceapa primavara

1 praz

Sare

Pentru tocană

1 coadă mare de monkfish (sau 2 mici)

Corpuri de creveți

1 lingura boia dulce

8 catei de usturoi

4 cartofi mari

3 felii de pâine

1 cayenne

migdale nedecojite

Ulei de masline

Sare si piper

ELABORARE

Pentru stocul de peste

Faceți un bulion de pește prin călcarea corpului creveților și a sosului de roșii. Adăugați țepii sau capul de moms și legumele tăiate fâșii julienne. Se acoperă cu apă și se fierbe 20 de minute.Se strecoară și se condimentează cu sare.

Pentru tocană

Rumeniți usturoiul netăiat într-o tigaie. Retrageți și rezervați. Se calesc migdalele in acelasi ulei. Retrageți și rezervați.

Rumeniți pâinea în același ulei. Retrage.

Zdrobiți usturoiul într-un mojar, o mână de migdale întregi și necurățate, feliile de pâine și ardeiul cayenne.

Se caleste usor boia de ardei in uleiul folosit la rumenirea usturoiului, avand grija sa nu-l arda, si se adauga in supa.

Adăugați cartofii cachelada și gătiți până se înmoaie. Adăugați mocheta piperată și gătiți timp de 3 minute. Adăugați majado și creveții și gătiți încă 2 minute până când sosul se îngroașă. Se condimentează cu sare și se servește fierbinte.

TRUC

Folosiți doar stocul necesar pentru a acoperi cartofii. Peștele cel mai des folosit pentru această rețetă este anghila, dar poate fi făcut cu orice pește cu carne, cum ar fi câinele sau congri.

DURADĂ PRĂJITĂ

INGREDIENTE

1 dorada curata, eviscerata si detartrata

25 g pesmet

2 catei de usturoi

1 ardei iute

Oțet

Ulei de masline

Sare

ELABORARE

Sarați și ungeți dorada pe dinăuntru și pe dinafară. Presărați pesmetul deasupra și coaceți la 180ºC timp de 25 de minute.

Între timp, căliți usturoiul feliat și ardeiul iute la foc mediu. Se toarnă un strop de oțet de pe foc și se îmbracă dorada cu acest sos.

TRUC

Daltuirea înseamnă efectuarea de incizii pe lățimea peștelui, astfel încât să se gătească mai repede.

VOICI A LA MARINERA

INGREDIENTE

1 kg de scoici

1 pahar mic de vin alb

1 lingura de faina

2 catei de usturoi

1 roșie mică

1 ceapă

½ chilli

Colorant sau șofran (opțional)

Ulei de masline

Sare

ELABORARE

Scufundați scoicile pentru câteva ore în apă rece cu multă sare pentru a elimina orice urmă de pământ.

Odată curățate, gătiți scoici în vin și în ¼ l de apă. Imediat ce se deschid, scoateți și rezervați lichidul.

Tăiați ceapa, usturoiul și roșia în bucăți mici și prăjiți-le în puțin ulei. Adăugați chilli și gătiți până când totul este bine poșat.

Adăugați lingura de făină și gătiți încă 2 minute. Scăldați cu apa de la gătirea scoicilor. Gatiti 10 minute si asezonati cu sare. Adăugați scoici și gătiți încă un minut. Acum adăugați colorantul alimentar sau șofranul.

TRUC

Vinul alb poate fi înlocuit cu unul dulce. Sosul este foarte bun.

COD CU PILPIL

INGREDIENTE

4 sau 5 file de cod desarat

4 catei de usturoi

1 ardei iute

½ l ulei de măsline

ELABORARE

Rumeniți usturoiul și ardeiul iute în ulei de măsline la foc mic. Scoateți-le și lăsați uleiul să se răcească ușor.

Adăugați fileurile de cod cu pielea în sus și gătiți timp de 1 minut la foc mic. Întoarceți-vă și lăsați încă 3 min. Important este să fie fiert în ulei, nu să fie prăjit.

Scoatem codul, decantăm treptat uleiul până nu rămâne decât substanța albă (gelatina) pe care a eliberat-o codul.

De pe foc si cu ajutorul unei strecuratoare bateti cu telul sau cu miscari circulare proprii, incorporand treptat uleiul decantat. Bate pilpilul timp de 10 minute, amestecând continuu.

Când este gata, puneți codul înapoi și amestecați încă un minut.

TRUC

Pentru a-i da o notă diferită, infuzați un os de șuncă sau câteva ierburi aromate în uleiul în care urmează să fie gătit codul.

HOSOI ALUTE CU BERE

INGREDIENTE
Ansoa curata fara spini

1 cutie de bere foarte rece

Făină

Ulei de masline

Sare

ELABORARE
Pune berea într-un vas şi adaugă făină, bătând constant cu telul, până obții o textură groasă care abia se scurge la înmuiat în hamsii.

Se prajesc in ulei din abundenta si sare la final.

TRUC
Se poate folosi orice tip de bere. Cu negru iese spectaculos.

CALAMAR ÎN TUNEA SA

INGREDIENTE

1 ½ kg de pui de calmar

1 pahar de vin alb

3 linguri de sos de rosii

4 plicuri cu cerneală de calmar

2 cepe

1 ardei gras rosu

1 ardei verde

1 frunză de dafin

Ulei de masline

Sare si piper

ELABORARE

Se calesc ceapa si ardeii tocate marunt la foc mic. Cand sunt sotiti adaugati calmarul curatat si tocat. Ridicați căldura și asezonați.

Se adauga vinul alb si se lasa sa se reduca. Adăugați sosul de roșii, pachetele de cerneală de calmar și foaia de dafin. Acoperiți și gătiți la foc mic până când sepiele sunt moi.

TRUC

Se pot servi cu o pastă bună sau chiar cu niște cartofi prăjiți.

COD CLUB RANERO

INGREDIENTE

Cod in pilpil

10 roșii coapte de viță de vie

4 ardei chorizo

2 ardei gras verzi

2 ardei grasi rosii

2 cepe

Zahăr

Sare

ELABORARE

Prăjiți roșiile și ardeii până se înmoaie la 180 de grade.

Odată ce ardeii sunt prăjiți, acoperiți timp de 30 de minute, îndepărtați pielea și tăiați fâșii.

Curatam si feliati rosiile marunt. Se calesc impreuna cu ceapa taiata fasii subtiri si pulpa ardeilor chorizo (hidratati in prealabil in apa fierbinte 30 min).

Adăugați ardeii copți tăiați fâșii și gătiți timp de 5 minute. Rectifică sarea și zahărul.

Se incinge pilpilul impreuna cu codul si ardeii.

TRUC

Puteti combina pilpilul cu ardeii sau puneti acestia ca baza, codul deasupra si sos cu pilpilul. Se poate face si cu un ratatouille bun.

TALPA LA PORTOCALIE

INGREDIENTE

4 talpi

110 g unt

110 ml de fumet

1 lingura patrunjel proaspat tocat

1 lingurita boia

2 portocale mari

1 lămâie mică

Făină

Sare si piper

ELABORARE

Topiți untul într-o tigaie. Făină și asezonează tălpile. Rumeniți-le în unt pe ambele părți. Adăugați boia de ardei, sucul de portocale și lămâie și fumetul.

Gatiti 2 minute la foc mediu pana cand sosul se ingroasa putin. Se orneaza cu patrunjel si se serveste imediat.

TRUC

Pentru a obține mai mult suc din citrice, puneți-le la microunde timp de 10 secunde la putere maximă.

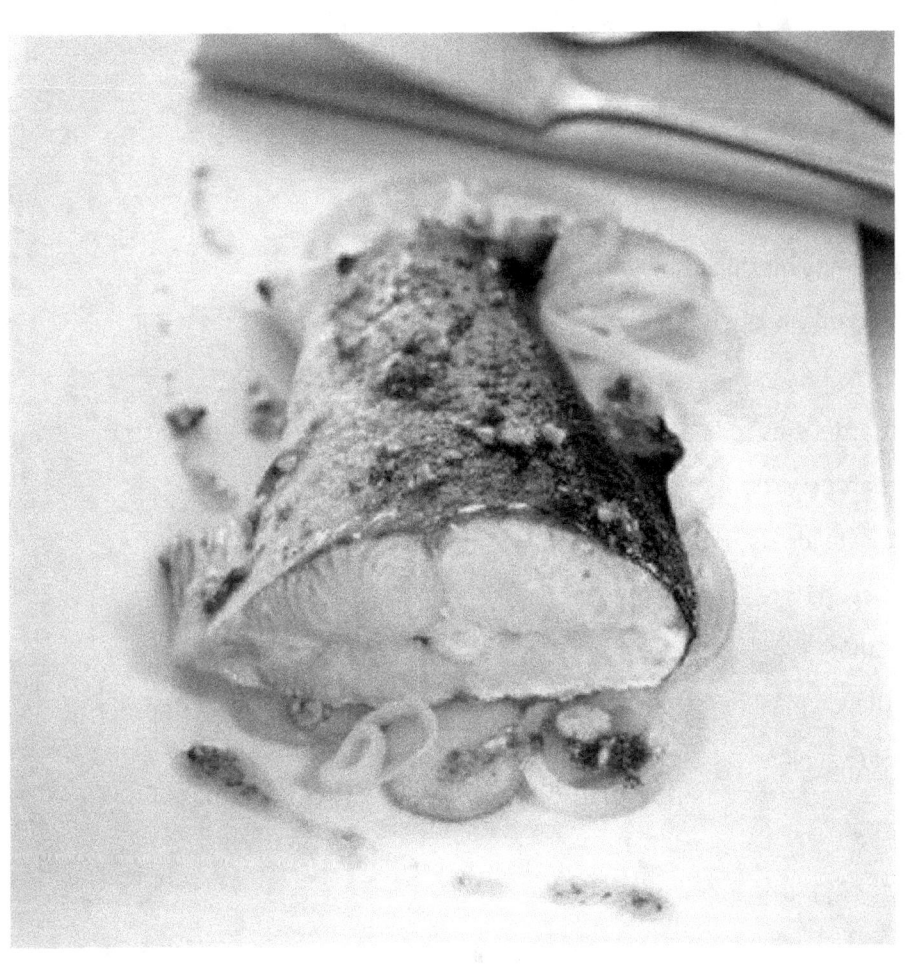

MERLULU LA RIOJANA

INGREDIENTE

4 file de merluciu

100 ml vin alb

2 rosii

1 ardei gras rosu

1 ardei verde

1 catel de usturoi

1 ceapă

Zahăr

Ulei de masline

Sare si piper

ELABORARE

Tăiați mărunt ceapa, ardeii și usturoiul. Se caleste totul intr-o tigaie la foc mediu timp de 20 de minute. Se ridica focul, se uda cu vinul si se lasa sa scada pana se usuca.

Adăugați roșiile rase și gătiți până își pierd toată apa. Rectificați sare, piper și zahăr dacă este acid.

Se călesc coapsele pe o grătar până devin aurii la exterior și suculenți la interior. Insotiti cu legumele.

TRUC

Sărați merluciul cu 15 minute înainte de gătit, astfel încât sarea să fie distribuită mai uniform.

COD CU SOS DE CAPSUNI

INGREDIENTE

4 file de cod desarat

400 g zahăr brun

200 g căpșuni

2 catei de usturoi

1 portocală

Făină

Ulei de masline

ELABORARE

Amestecați căpșunile împreună cu sucul de portocale și zahărul. Gatiti 10 minute si scoateti.

Laminați usturoiul și rumeniți-l într-o tigaie cu puțin ulei. Retrageți și rezervați. Se prajeste codul infainat in acelasi ulei.

Serviți codul cu sos într-un bol separat și puneți deasupra usturoiul.

TRUC

Puteți înlocui căpșunile cu o marmeladă de portocale amare. Apoi, va trebui folosit doar 100 g de zahăr brun.

PĂSTRĂVUL MURAT

INGREDIENTE

4 păstrăvi

½ litru de vin alb

¼ litru de oțet

1 ceapa mica

1 morcov mare

2 catei de usturoi

4 cuișoare

2 foi de dafin

1 crenguță de cimbru

Făină

¼ litru de ulei de măsline

Sare

ELABORARE

Sare si faina pastravul. Se prajesc 2 min pe fiecare parte in ulei (trebuie sa ramana crude in interior). Retrageți și rezervați.

Soteți legumele tăiate julien în aceeași grăsime timp de 10 minute.

Scăldați cu oțet și vin. Asezonați cu un praf de sare, ierburi și condimente. Gatiti la foc mic inca 10 minute.

Adăugați păstrăvul, acoperiți și gătiți încă 5 minute. Se lasa de pe foc si se serveste cand este rece.

TRUC

Această rețetă este cel mai bine consumată peste noapte. Odihna îi dă mai multă aromă. Profita de resturile pentru a face o salata delicioasa de pastrav marinat.

DORADĂ STIL BILBAO

INGREDIENTE

1 dorada de 2 kg

½ litru de vin alb

2 linguri de otet

6 catei de usturoi

1 ardei iute

2 dl ulei de măsline

Sare

ELABORARE

Dăltuiți dorada, adăugați sare, adăugați puțin ulei și coaceți la 200ºC timp de 20 sau 25 de minute. Fa baie putin cate putin cu vinul.

Intre timp se rumenesc usturoiul feliat in cei 2 dl de ulei impreuna cu ardelul iute. Se umezește cu oțet și sos peste dorada.

TRUC

Daltuirea înseamnă efectuarea de incizii în pește pentru a facilita gătitul.

SCAMPI DE CREVETI

INGREDIENTE

250 g de creveți

3 căței de usturoi tăiați

1 lămâie

1 ardei iute

10 linguri de ulei de măsline

Sare

ELABORARE

Puneți creveții decojiți într-un bol, sărați-i din abundență și adăugați zeama de lămâie. Elimina.

Rumeniți usturoiul feliat și ardeiul iute într-o tigaie. Înainte să prindă culoare, adăugați creveții și prăjiți-i timp de 1 min.

TRUC

Ca să aibă mai multă aromă, macerați creveții cu sare și lămâie timp de 15 minute înainte de a-i prăji.

CHÂTEI DE COD

INGREDIENTE

100 g cod desarat în pesmet

100 g ceapa primavara

1 lingura patrunjel proaspat

1 sticla de bere rece

Colorant

Făină

Ulei de masline

Sare si piper

ELABORARE

Punem intr-un bol codul, arpagicul si patrunjelul foarte tocat, berea, un praf de colorant, sare si piper.

Se amestecă și se adaugă câte o lingură de făină, amestecând continuu până se obține un aluat cu o textură asemănătoare cu cea a unui terci ușor gros (care să nu picure). Se lasa la rece 20 min.

Se prajesc in ulei din abundenta, adaugand linguri de aluat. Cand sunt aurii se scot si se aseaza pe hartie absorbanta.

TRUC

Dacă berea nu este disponibilă, se poate face cu sifon.

COD DE AUR

INGREDIENTE

400 g cod desarat si maruntit

6 ouă

4 cartofi medii

1 ceapă

Patrunjel proaspat

Ulei de masline

Sare

ELABORARE

Curăţaţi şi tăiaţi cartofii în paie. Se spala bine pana cand apa devine transparenta si apoi se prajeste in ulei incins din belsug. Asezonaţi cu sare.

Se caleste ceapa taiata juliana. Ridicaţi focul, adăugaţi codul mărunţit şi fierbeţi până se epuizează lichidul.

Intr-un castron separat, batem ouale, adaugam codul, cartofii si ceapa. Se coagulează foarte uşor într-o tigaie. Asezonaţi cu sare şi terminaţi cu pătrunjel proaspăt tocat.

TRUC

Trebuie să fie puţin coagulat ca să fie suculent. Cartofii nu se sareaza pana la final pentru a nu-si pierde crocant.

CRAB ÎN STIL BASC

INGREDIENTE

1 paianjen

500 g de roșii

75 g șuncă serrano

50 g pesmet proaspăt (sau pesmet)

25 g unt

1½ pahar de coniac

1 lingura patrunjel

1/8 ceapă

½ cățel de usturoi

Sare si piper

ELABORARE

Gatiti crabul paianjen (1 min la 100 g) in 2 l de apa cu 140 g de sare. Se răcește și se scoate carnea.

Se caleste ceapa si usturoiul taiate bucatele mici impreuna cu sunca taiata fasii fine julienne. Adaugati rosiile ras si patrunjelul tocat, si gatiti pana obtineti o pasta uscata.

Adaugati carnea de crab paianjen, umezita cu rachiu si flambata. Adăugați jumătate din pesmet de pe foc și umpleți crabul păianjen.

Se presara deasupra restul de pesmet si se distribuie pe el untul taiat bucatele. Se gratina la cuptor pana devin aurii deasupra.

TRUC

Se poate face si cu un chorizo iberic bun, ba chiar umplut cu branza afumata.

HOSIA ÎN OTIT

INGREDIENTE

12 hamsii

300 cl otet de vin

1 catel de usturoi

Pătrunjel tocat

Ulei de măsline extra virgin

1 lingurita sare

ELABORARE

Punem hamsiile curate pe o farfurie neteda impreuna cu otetul diluat in apa si sare. Se pastreaza la frigider 5 ore.

Intre timp se macereaza in ulei usturoiul si patrunjelul tocate marunt.

Scoateți anșoa din oțet și acoperiți-le cu ulei și usturoi. Se pune din nou la frigider pentru încă 2 ore.

TRUC

Spălați hamsia în mod repetat până când apa curge limpede.

BRANDĂ DE COD

INGREDIENTE

¾ kg cod desarat

1dl lapte

2 catei de usturoi

3dl ulei de măsline

Sare

ELABORARE

Încinge uleiul cu usturoiul într-o oală mică la foc mediu timp de 5 minute. Adauga codul si fierbe la foc foarte mic inca 5 min.

Încinge laptele și pune-l într-un pahar de blender. Adauga codul fara piele si usturoiul. Bateți până obțineți un aluat fin.

Adaugati uleiul fara a opri baterea pana obtineti un aluat consistent. Se condimenteaza cu sare si se gratina la cuptor la putere maxima.

TRUC

Se poate consuma pe paine prajita si asezonata deasupra cu putin aioli.

SEZON ÎN ADOBO (BIENMESABE)

INGREDIENTE

500 g de câine

1 pahar de otet

1 lingura rasa de chimen macinat

1 lingura rasa de boia dulce

1 lingura rasa de oregano

4 foi de dafin

5 catei de usturoi

Făină

Ulei de masline

Sare

ELABORARE

Puneți câinele tăiat și curățat anterior într-un recipient adânc.

Adăugați o mână bună de sare și lingurițele de boia de ardei, chimen și oregano.

Zdrobiți usturoiul cu pielea și adăugați-l în recipient. Rupeți foile de dafin și adăugați-le și ele. La sfarsit, adauga paharul cu otet si inca un pahar cu apa. Lăsați să se odihnească peste noapte.

Uscați bucățile de câine, făină și prăjiți.

TRUC

Daca chimenul este proaspat macinat, puneti doar ¼ din lingura rasa. Se poate face cu alti pesti precum pomfret sau monkfish.

CITRICE ȘI TON MURAT

INGREDIENTE

800 g ton (sau ton proaspăt)

70 ml otet

140 ml vin

1 morcov

1 praz

1 catel de usturoi

1 portocală

½ lămâie

1 frunză de dafin

70 ml ulei

Sare și piper boabe

ELABORARE

Tăiați morcovul, prazul și usturoiul în bețe și prăjiți în puțin ulei. Cand legumele sunt moi, adaugam otetul si vinul.

Adăugați foaia de dafin și piperul. Rectificăm sarea și gătiți încă 10 minute. Adăugați coaja și sucul de citrice, iar tonul tăiat în 4 bucăți. Mai fierbeți încă 2 minute și lăsați-l să se odihnească acoperit de foc.

TRUC

Urmați aceiași pași pentru a face o marinată de pui delicioasă. Este necesar doar să rumeniți puiul înainte de a-l adăuga în caserola cu marinată și să gătiți încă 15 minute.

PELENA PLUIE CAVETI

INGREDIENTE

500 g de creveți

100 g de făină

½ dl de bere rece

Colorant

Ulei de masline

Sare

ELABORARE

Curățați creveții fără a îndepărta capătul cozii.

Amestecați făina, un vârf de colorant și sare într-un bol. Se incorporeaza putin cate putin si fara sa inceteze sa bata berea.

Luați creveții de coadă, treceți-i prin aluatul anterior și prăjiți-i în ulei din belșug. Se scot când devine auriu și se rezervă pe hârtie absorbantă.

TRUC

Puteți adăuga 1 linguriță de curry sau boia de ardei în făină.

FLAN DE TON CU BUSUOCOC

INGREDIENTE

125 g conserve de ton în ulei

½ litru de lapte

4 ouă

1 felie de pâine feliată

1 lingura parmezan ras

4 frunze proaspete de busuioc

Făină

Ulei de masline

Sare si piper

ELABORARE

Se amestecă tonul cu laptele, ouăle, feliile de pâine, parmezanul și busuioc. Se pune sare si piper.

Introduceți aluatul în forme individuale unse și făinate în prealabil și coaceți pe baie de apă la 170 ºC timp de 30 de minute.

TRUC

Puteți pregăti această rețetă și cu midii sau sardine la conserva.

SOLE MENIER

INGREDIENTE

6 talpi

250 g unt

50 g suc de lamaie

2 linguri patrunjel tocat marunt

Făină

Sare si piper

ELABORARE

Se sare, se pipereză și se făinează tălpile, curățate de capete și piele. Prăjiți-le în untul topit pe ambele părți la foc mediu, având grijă să nu ardă făina.

Scoatem pestele si adaugam in tigaie sucul de lamaie si patrunjelul. Gatiti 3 minute fara a opri amestecarea. Se pune pestele insotit de sos.

TRUC

Adauga niste capere pentru a da o nota delicioasa retetei.

MUMBĂ DE SOMON ÎN CAVA

INGREDIENTE

2 fileuri de somon

½ l de cava

100 ml de smântână

1 morcov

1 praz

Ulei de masline

Sare si piper

ELABORARE

Se condimentează și se rumenește somonul pe ambele părți. Rezervă.

Tăiați morcovul și prazul în bețișoare lungi și subțiri. Se calesc legumele 2 min in acelasi ulei in care a fost facut somonul. Adaugam cava si lasam sa se reduca la jumatate.

Se adauga smantana, se fierbe 5 min si se adauga somonul. Gatiti inca 3 minute si asezonati cu sare si piper.

TRUC

Puteți găti somonul la abur timp de 12 minute și îl puteți însoți cu acest sos.

BIBAN BILBAO CU PIQUILLOS

INGREDIENTE

4 biban de mare

1 lingura otet

4 catei de usturoi

Ardei Piquillo

125 ml ulei de măsline

Sare si piper

ELABORARE

Scoateți coapsele de pe biban. Se condimentează cu sare și piper și se prăjește într-o tigaie la foc mare până devin aurii la exterior și suculenți la interior. Scoateți și rezervați.

Laminați usturoiul și prăjiți-l ușor în același ulei ca și peștele. Umeziți cu oțet.

Rumeniți ardeii în aceeași tigaie.

Serviți muschii de biban cu sosul deasupra și însoțiți ardeii.

TRUC

Sosul Bilbao poate fi preparat din timp; apoi trebuie doar să încălziți și să serviți.

MIDII ÎN VINIGRETĂ

INGREDIENTE

1 kg midii

1 pahar mic de vin alb

2 linguri de otet

1 ardei gras verde mic

1 roșie mare

1 ceapa primavara mica

1 frunză de dafin

6 linguri de ulei de măsline

Sare

ELABORARE

Curățați bine midiile cu un burete nou.

Pune midiile intr-o oala cu vinul si foaia de dafin. Acoperiți și gătiți la foc mare până se deschid. Rezervați și aruncați una dintre coji.

Faceți o vinegretă tăind fin roșia, ceapa primăvară și ardeiul. Se condimentează cu oțet, ulei și sare. Amestecați și sosați peste midii.

TRUC

Lăsați să stea peste noapte pentru a spori aromele.

MARMITAKO

INGREDIENTE

300 g ton (sau bonito)

1 l supa de peste

1 lingura de ardei chorizo

3 cartofi mari

1 ardei gras rosu mare

1 ardei gras verde mare

1 ceapă

Ulei de masline

Sare si piper

ELABORARE

Se caleste ceapa si ardeii taiati patrate. Se adauga lingura de ardei chorizo si cartofii curatati si cachelada. Se amestecă timp de 5 minute.

Umeziți cu supa de pește și când începe să fiarbă, asezonați cu sare și piper. Gatiti la foc mic pana cartofii sunt fierti.

Se opreste focul si apoi se adauga tonul taiat cubulete si condimentat. Lăsați să se odihnească 10 minute înainte de servire.

TRUC

Tonul poate fi înlocuit cu somonul. Rezultatul este surprinzător.

BIBAN ÎN SARE

INGREDIENTE

1 biban de mare

600 g sare grunjoasă

ELABORARE

Eviscerați și curățați peștele. Pe o farfurie se pune un pat de sare, deasupra se aseaza bibanul si se acopera cu restul de sare.

Coacem la 220ºC până când sarea s-a întărit și se rupe. Sunt aproximativ 7 minute la 100 g de pește.

TRUC

Nu scuzați peștele când gătiți în sare, deoarece solzii protejează carnea de temperaturile ridicate. Puteți aroma sarea cu ierburi sau adăugați un albuș de ou.

MIDII Aburite

INGREDIENTE

1 kg midii

1dl vin alb

1 frunză de dafin

ELABORARE

Curățați bine midiile cu un burete nou.

Puneti scoicile, vinul si foaia de dafin intr-o caserola fierbinte. Acoperiți și gătiți la foc mare până se deschid. Aruncați-le pe cele care nu au fost deschise.

TRUC

În Belgia este un fel de mâncare foarte popular și este însoțit de niște cartofi prăjiți buni.

MERLULU GALIZ

INGREDIENTE

4 felii de merluciu

600 g de cartofi

1 lingurita boia

3 catei de usturoi

1 ceapă medie

1 frunză de dafin

6 linguri ulei de măsline virgin

Sare si piper

ELABORARE

Se încălzește apă într-o cratiță; adăugați cartofii tăiați felii, ceapa tăiată julien, sarea și foaia de dafin. Gatiti 15 minute la foc mic pana totul este moale.

Adăugați feliile de merluciu asezonate și gătiți încă 3 minute. Scurgeți cartofii și merluciul și transferați totul într-o oală de lut.

Se caleste usturoiul feliat sau tocat intr-o tigaie; cand sunt aurii, se ia de pe foc. Se adauga boia de ardei, se amesteca si se toarna acest sos peste peste. Serviți rapid împreună cu puțină apă de gătit.

TRUC

Este important ca cantitatea de apă să fie suficientă doar pentru a acoperi feliile de pește și cartofii.

MERLULU A LA KOSKERA

INGREDIENTE

1 kg de merluciu

100 g de mazăre fiartă

100 g ceapa

100 g scoici

100 g de creveți

1 dl de fumet

2 linguri de patrunjel

2 catei de usturoi

8 vârfuri de sparanghel

2 oua fierte tari

Făină

Sare si piper

ELABORARE

Tăiați merlucul în felii sau coapsă. Asezonați și făină.

Se caleste ceapa si usturoiul tocat marunt intr-o oala pana se inmoaie. Ridicați focul, adăugați peștele și rumeniți-l ușor pe ambele părți.

Adăugați bulionul și gătiți timp de 4 minute, mișcând oala în mod constant, astfel încât sosul să se îngroașe. Adaugam crevetii curatati, sparanghelul, scoicile curatate, mazarea si ouale taiate in patru. Gatiti inca 1 minut si presarati deasupra patrunjelul tocat.

TRUC

Sărați merluciul cu 20 de minute înainte de gătit, astfel încât sarea să fie distribuită mai uniform.

CUITITE CU USTUROI SI LAMAIE

INGREDIENTE

2 duzini de aparate de ras

2 catei de usturoi

2 crengute de patrunjel

1 lămâie

Ulei de măsline extra virgin

Sare

ELABORARE

Pune aparatele de ras intr-un vas cu apa rece si sare cu o seara inainte pentru a le curata de eventualele resturi de nisip.

Scurgeți-le, puneți-le într-o tigaie, acoperiți și încălziți la foc mediu până se deschid.

Intre timp tocam usturoiul, crengutele de patrunjel si amestecam cu zeama de lamaie si uleiul de masline. Asezonați briciul cu acest sos.

TRUC

Sunt delicioase cu un sos olandez sau béarnaise (pag. 532 și 517).

budincă de pește scorpion

INGREDIENTE

500 g de pește scorpion fără cap

125 ml sos de rosii

¼ litru de smântână

6 ouă

1 morcov

1 praz

1 ceapă

Firimituri de pâine

Ulei de masline

Sare si piper

ELABORARE

Gatiti pestele scorpion timp de 8 minute impreuna cu legumele curatate si tocate. La sare.

Se sfărâmă carnea de scorpion (fără piele sau oase). Se pune intr-un bol impreuna cu ouale, smantana si sosul de rosii. Se zdrobește și se condimentează cu sare și piper.

Se unge o forma si se presara cu pesmet. Se umple cu aluatul anterior si se fierbe la bain-marie la cuptor la 175 ºC timp de 50 min sau pana cand intepat cu acul iese curat. Se servește rece sau caldă.

TRUC

Puteți înlocui peștele scorpion cu orice alt pește

PESȘTE CU CREMĂ MOALE DE USSturoi

INGREDIENTE

4 cozi mici de monkfish

50 g de măsline negre

400 ml de smântână

12 catei de usturoi

Sare si piper

ELABORARE

Gatiti usturoiul din apa rece. Când au ajuns la fierbere, scoateți și aruncați apa. Repetați aceeași operațiune de 3 ori.

Se caleste apoi usturoiul in crema timp de 30 de minute la foc mic.

Se deshidratează măslinele fără sâmburi în cuptorul cu microunde până se usucă. Treceți-le printr-un mojar până obțineți pudră de măsline.

Se condimenteaza cu sare si piper si se caleste la foc mare pana cand devine suculenta la exterior si aurie la interior.

Condimentează sosul. Servește mocheta cu sosul în lateral și cu praful de măsline deasupra.

TRUC

Aroma acestui sos este netedă și delicioasă. Dacă este foarte lichid, mai lasă-i câteva minute de gătit. Dacă, în schimb, este prea groasă, adăugați puțină smântână lichidă fierbinte și amestecați.

MERLULU IN CIDRU CU COMPOT DE MERE CU MENTA

INGREDIENTE

4 supreme de merluciu

1 sticla de cidru

4 linguri de zahar

8 frunze de mentă

4 mere

1 lămâie

Făină

Ulei de masline

Sare si piper

ELABORARE

Se condimenteaza merluciucul cu sare si piper, faina si se rumeneste in putin ulei incins. Scoateți și puneți pe o tavă de copt.

Curățați și tăiați mărunt merele și adăugați-le în tavă. Se face baie cu cidru si se coace 15 min la 165 ºC.

Scoateți merele și sosul. Se amestecă cu zahărul și frunzele de mentă.

Serveste pestele insotit de compot.

TRUC

O altă versiune a aceleiași rețete. Făinați și rumeniți merlucul, apoi puneți-l într-o caserolă împreună cu merele și cidrul. Gatiti la foc mic 6 min. Scoateți merluciucul și lăsați-l să reducă sosul. Apoi, amestecați împreună cu menta și zahărul.

SOMON MARINAT

INGREDIENTE

1 kg de muschi de somon

500 g de zahăr

4 linguri mărar tocat

500 g sare grunjoasă

Ulei de masline

ELABORARE

Amesteca sarea, zaharul si mararul intr-un castron. Pune jumătate la baza unei tăvi. Adăugați somonul și acoperiți cu cealaltă jumătate de amestec.

Se pastreaza la frigider 12 ore. Scoateți și curățați cu apă rece. Fileați și acoperiți cu ulei.

TRUC

Sarea poate fi aromată cu orice plantă sau condiment (ghimbir, cuișoare, curry etc.)

PĂSTRĂV CU BRÂNZĂ ALBASTRĂ

INGREDIENTE

4 păstrăvi

75 g brânză albastră

75 g unt

40 cl smantana lichida

1 pahar mic de vin alb

Făină

Ulei de masline

Sare si piper

ELABORARE

Se incinge untul intr-o cratita impreuna cu un strop de ulei. Prăjiți păstrăvul înfăinat și condimentat timp de 5 minute pe fiecare parte. Rezervă.

Se toarnă vinul și brânza în grăsimea rămasă de la prăjire. Gatiti, amestecand continuu, pana cand vinul aproape dispare si branza este complet topita.

Adaugati smantana si gatiti pana obtineti textura dorita. Rectifică sare și piper. Se prăjește peste păstrăv.

TRUC

Faceți un sos de brânză albastră dulce-acru, înlocuind smântâna cu sucul natural de portocale.

TATAKI DE TON MARINAT ÎN SOIA

INGREDIENTE

1 muschie de ton (sau somon)

1 pahar de soia

1 pahar de otet

2 linguri pline de zahăr

Coaja de 1 portocală mică

Usturoi

susan prajit

Ghimbir

ELABORARE

Curățați bine tonul și tăiați-l într-un lingou. Rumeniți ușor pe toate părțile într-o tigaie foarte fierbinte și răciți imediat în apă cu gheață pentru a opri gătitul.

Amestecă într-un castron soia, oțetul, zahărul, coaja de portocală, ghimbirul și usturoiul. Se adauga pestele si se lasa la marinat cel putin 3 ore.

Se unge cu susan, se taie felii mici si se serveste.

TRUC

Aceasta reteta trebuie preparata cu peste congelat anterior pentru a evita anisakisul.

TURT DE MERLULU

INGREDIENTE

1 kg de merluciu

1 litru de smântână

1 ceapă mare

1 pahar de coniac

8 oua

Roșii prăjite

Ulei de masline

Sare si piper

ELABORARE

Tăiați ceapa fâșii julienne și prăjiți-o într-o tigaie. Când se înmoaie, adăugați merluciu. Gatiti pana se termina si se sfarama.

Apoi, ridicați focul și udați cu țuică. Lasam sa se reduca si adaugam putina rosii.

Se ia de pe foc si se adauga ouale si smantana. Difuzați totul. Se asezoneaza dupa gust si se pune intr-o forma. Se gateste la bain-marie la cuptor la 165 ºC pentru cel putin 1 ora sau pana cand la intepat cu acul iese curat.

TRUC

Insotiti cu sos roz sau tartar. Se poate face cu orice pește alb dezosat.

ARDEI UMPLU CU COD

INGREDIENTE

250 g cod desarat

100 g de creveți

2 linguri de roșii prăjite

2 linguri de unt

2 linguri de faina

1 conserve de ardei piquillo

2 catei de usturoi

1 ceapă

coniac

Ulei de masline

Sare si piper

ELABORARE

Se acopera codul cu apa si se fierbe 5 min. Scoateți și rezervați apa de gătit.

Se caleste ceapa si cateii de usturoi taiati bucatele mici. Curățați creveții și adăugați cojile în tigaia cu ceapă. Se caleste bine. Ridicați focul și adăugați un strop de coniac și roșia prăjită. Se face baie cu apa de la gatirea codului si se fierbe 25 min. Zdrobiți și strecurați.

Se calesc creveții tocați și se rezervă.

Se caleste faina in unt aproximativ 5 minute, se adauga bulionul strecurat si se mai fierbe 10 minute fara sa se oprea baterea cu niste tije.

Se adauga codul maruntit si crevetii sotati. Se condimenteaza cu sare si piper si se lasa sa se raceasca.

Umpleți ardeii cu masa anterioară și serviți.

TRUC

Sosul perfect pentru acești ardei este Vizcaína (vezi secțiunea Ciouri și sosuri).

RABS

INGREDIENTE

1 kg de calmar întreg

150 g faina de grau

50 g făină de năut

Ulei de masline

Sare

ELABORARE

Curățați bine calmarul, îndepărtând pielea exterioară și curățând bine interiorul. Tăiați-le în fâșii subțiri pe lungime, nu pe lățime. La sare.

Se amestecă făina de grâu și făina de năut și se făinează calmarul cu amestecul.

Se incinge bine ulelul si se prajesc calmarii putin cate putin pana devin aurii. Serviți imediat.

TRUC

Sarati calmarii cu 15 minute inainte si prajiti-i in ulei foarte incins.

SOLDAȚI PAVIA

INGREDIENTE

500 g cod desarat

1 lingura oregano

1 lingura chimen macinat

1 lingura colorant alimentar

1 lingura boia

1 pahar de otet

2 catei de usturoi

1 frunză de dafin

Făină

ulei incins

Sare

ELABORARE

Combinați oregano, chimen, boia de ardei, usturoiul zdrobit, un pahar de oțet și încă un pahar de apă într-un bol și asezonați cu un praf de sare. Pune codul desarat tăiat fâșii în marinată pentru 24 de ore.

Se amestecă colorantul și făina. Se dau fâșiile de cod, se scurg și se prăjesc în ulei încins din belșug.

TRUC

Se serveşte imediat, astfel încât interiorul să fie suculent şi exteriorul crocant.

CREVEȚI

INGREDIENTE

125 g de creveți cruzi

75 g faina de grau

50 g făină de năut

5 fire de șofran (sau colorant)

¼ ceapă primăvară

Patrunjel proaspat

Ulei de măsline extra virgin

Sare

ELABORARE

Prăjiți șofranul la cuptor pentru câteva secunde învelit în folie de aluminiu.

Intr-un castron se amesteca faina, sarea, sofranul pudra, ceapa primavara tocata marunt, patrunjelul tocat, 125 ml apa foarte rece si crevetii.

Prăjiți linguri de aluat întins în ulei din abundență. Se lasa pana sunt bine aurii.

TRUC

Aluatul trebuie să aibă o textură asemănătoare iaurtului când este amestecat cu o lingură.

PĂSTRĂVĂ ÎN NAVARA

INGREDIENTE

4 păstrăvi

8 felii de şuncă serrano

Făină

Ulei de masline

Sare

ELABORARE

Puneţi 2 felii de şuncă serrano în fiecare păstrăv curat şi eviscerat. Faina si asezoneaza cu sare.

Se prajesc in ulei din abundenta si se indeparteaza excesul de grasime pe hartie absorbanta.

TRUC

Temperatura uleiului trebuie să fie medie-înaltă pentru a evita gătirea doar pe exterior, iar căldura nu ajunge în centrul peştelui.

TARTARE DE SOMON CU AVOCAT

INGREDIENTE

500 g somon dezosat, fără piele

6 capere

4 roșii

3 cornişi murați

2 avocado

1 ceapa primavara

Suc de 2 lămâi

Tabasco

Ulei de masline

Sare

ELABORARE

Curățați și sămânțați roșiile. Scurgeți avocado. Tăiați toate ingredientele cât mai fin și amestecați-le într-un bol.

Se condimenteaza cu zeama de lamaie, cateva picaturi de tabasco, ulei de masline si sare.

TRUC

Se poate face cu somon afumat sau alți pești similari precum păstrăvul.

scoici GALICE

INGREDIENTE

8 scoici

125 g ceapă

125 g șuncă serrano

80 g pesmet

1 lingura patrunjel proaspat

½ lingurita boia dulce

1 ou fiert tare tocat

ELABORARE

Ceapa se toacă mărunt și se călește la temperatură scăzută timp de 10 minute. Adaugati sunca taiata cubulete mici si continuati sa caliti inca 2 minute. Adăugați boia de ardei și fierbeți încă 10 secunde. Scoateți și lăsați-l să se răcească.

Odată rece, se pune într-un bol și se adaugă pesmetul, și pătrunjelul și oul tocate. Amesteca.

Umpleți scoicile cu amestecul anterior, puneți-le pe o farfurie și coaceți la 170 ºC timp de 15 min.

TRUC

Pentru a economisi timp, pregătiți-vă din timp și coaceți în ziua în care aveți nevoie de ele. Se poate face si cu scoici si chiar si cu stridii.

PUI ÎN SOS CU CIUPERCI

INGREDIENTE

1 pui

350 g ciuperci

½ l supa de pui

1 pahar de vin alb

1 crenguță de cimbru

1 crenguță de rozmarin

1 frunză de dafin

2 rosii

1 ardei verde

1 catel de usturoi

1 ceapă

1 cayenne

Ulei de masline

Sare si piper

ELABORARE

Tăiați, asezonați și rumeniți puiul la foc mare. Retrageți și rezervați. Se caleste ceapa, cayenne, ardeiul si usturoiul taiate in bucatele foarte mici in acelasi ulei la foc mic timp de 5 min. Ridicați focul și adăugați roșiile rase. Se fierbe pana cand dispare toata apa din rosii.

Se adauga din nou puiul si se face baie cu vinul pana scade si sosul este aproape uscat. Se umezește cu bulionul și se adaugă ierburile aromate. Gatiti aproximativ 25 de minute sau pana cand puiul este fraged.

Separat, calim ciupercile feliate asezonate cu sare intr-o tigaie incinsa cu putin ulei timp de 2 min. Adăugați-le în tocană de pui și gătiți încă 2 minute. Rectificați sarea dacă este necesar.

TRUC

Rezultatul este la fel de bun dacă este făcut cu cântarele.

PUI MARIN ÎN CIDR

INGREDIENTE

1 pui

2 pahare de otet

4 pahare de cidru

2 catei de usturoi

2 morcovi

1 frunză de dafin

1 praz

2 pahare de ulei

Sare și piper boabe

ELABORARE

Tăiați, asezonați și rumeniți puiul într-o oală. Scoateți și rezervați. Se calesc morcovii si prazul taiate batoane in acelasi ulei, si cateii de usturoi feliati. Cand legumele sunt moi, adaugam lichidele.

Adăugați foaia de dafin și piperul, asezonați cu sare și gătiți încă 5 minute. Adăugați puiul și gătiți încă 12 minute. Lasati sa stea acoperit de foc.

TRUC

Se poate pastra la frigider acoperit cateva zile. Escabeche este o modalitate de conservare a alimentelor.

TOCANĂ DE PUI CU NÍSCALOS

INGREDIENTE

1 pui mare

150 g de chanterelles

1 pahar de coniac

1 crenguță de cimbru

1 crenguță de rozmarin

2 rosii rase

2 catei de usturoi

1 ardei verde

1 ardei gras rosu

1 morcov

1 ceapă

Supa de pui

Făină

Ulei de masline

Sare si piper

ELABORARE

Sare si piper si faina puiul taiat bucatele. Se rumenesc la foc mare cu putin ulei, se scot si se rezerva.

În același ulei, prăjiți morcovul, ceapa, usturoiul și ardeii tăiați în bucăți mici timp de 20 de minute la foc mic.

Ridicați focul și adăugați roșiile rase. Gatiti pana cand aproape toata apa dispare de la rosii. Adaugam cantarilele curate si tocate. Se fierbe 3 min la foc mare, se uda cu rachiu si se lasa sa se reduca.

Puneți puiul înapoi și acoperiți cu bulion. Adăugați ierburile aromatice și gătiți încă 25 de minute.

TRUC

În acest fel de mâncare se poate folosi orice tip de ciuperci de sezon.

FILET DE PUI A LA MADRILEÑA

INGREDIENTE

8 file de pui

3 catei de usturoi

2 linguri patrunjel proaspat

1 lingurita chimen macinat

Făină, ou și pesmet (pentru acoperire)

Ulei de masline

Sare si piper

ELABORARE

Amesteca patrunjelul si usturoiul tocate marunt impreuna cu pesmetul si chimenul.

Se condimenteaza fileurile cu sare si piper si se trece prin faina, ou batut si amestecul anterior.

Apăsați cu mâinile pentru ca pâinea să se lipească bine. Se prajesc in ulei incins din abundenta pana devin aurii.

TRUC

Se pot gratina cu câteva felii de mozzarella și roșii concassé (vezi secțiunea Cioroane și sosuri) deasupra.

FRICANDO DE PUI CU CIUPERCI SHIITAKE

INGREDIENTE

1 kg de file de pui

250 g ciuperci shiitake

250 ml supa de pui

150 ml coniac

2 rosii

1 morcov

1 catel de usturoi

1 praz

½ ceapă primăvară

1 buchet de ierburi aromatice (cimbru, rozmarin, dafin...)

1 lingurita boia

Făină

Ulei de masline

Sare si piper

ELABORARE

Asezonați și făinați fileurile de pui tăiate în sferturi. Se rumenesc in putin ulei la foc mediu si se scot.

Se calesc legumele taiate bucatele mici in acelasi ulei, se adauga boia de ardei si, la final, se adauga rosiile rase.

Se caleste bine pana cand rosia pierde toata apa, se ridica focul si se adauga ciupercile. Se caleste timp de 2 minute si apoi se stropeste cu rachiu. Lasati tot alcoolul sa se evapore si introduceti din nou puiul.

Se acopera cu bulion si se adauga ierburile aromate. Se condimentează cu sare și se mai fierbe încă 5 minute la foc mic.

TRUC

Se lasă acoperit 5 minute pentru ca aromele să se amestece mai bine.

www.ingramcontent.com/pod-product-compliance
Lightning Source LLC
Chambersburg PA
CBHW071423080526
44587CB00014B/1724